Delia Holtus (Hg.)

WUNDERVOLLE WEIHNACHTSZEIT

Delia Holtus (Hg.)

Wundervolle Weihnachtszeit

Wahre Geschichten mitten aus dem Leben

Francke

Über die Autorin:
Delia Holtus ist Deutschlehrerin an einer Fachschule für Sozial- und Gemeindepädagogik und verantwortet die Bereiche Presse & Marketing im Verlag Francke-Buch. Sie liebt es, Menschen dafür zu sensibilisieren, Gottes Gegenwart in ihrem Leben wahrzunehmen. Regelmäßig leitet sie Kleingruppen und Workshops zu den Themen geistliche Übungen, Stille und Gebet.

FSC www.fsc.org
MIX
Papier | Fördert gute Waldnutzung
FSC® C083411

Bibliografische Information der Deutschen Nationalbibliothek
Die Deutsche Nationalbibliothek verzeichnet diese Publikation in der Deutschen Nationalbibliografie; detaillierte bibliografische Daten sind im Internet über https://dnb.de abrufbar.

ISBN 978-3-96362-482-7

Am Schwanhof 19, 35037 Marburg an der Lahn
Umschlagbild: © iStockphoto.com / Floydine
Umschlaggestaltung: Francke-Buch GmbH / Marion Schramm
Satz: Francke-Buch GmbH
Druck und Bindung: CPI books GmbH, Leck

www.francke-buch.de
info@francke-buch.de

Inhalt

Und doch kann es im Herzen Weihnachten werden

Weihnachten – das ist mehr als Lichterglanz, Geschenke und festliche Klänge. Es ist eine Einladung innezuhalten, durchzuatmen und sich berühren zu lassen – von Momenten, die das Herz wärmen, und Geschichten, die das Leben schreibt.

Ich selbst liebe die Weihnachtszeit sehr – Kerzenschein, festlich geschmückte Zimmer, das Gefühl von Geborgenheit. Und doch ist Weihnachten für mich nicht nur unbeschwerte Freude. Es weckt in mir eine tiefe Sehnsucht: nach Geborgensein, nach Lieben und Geliebtwerden, nach einer echten Begegnung mit Gott.

Nicht in jedem Jahr wurde diese Sehnsucht erfüllt. Ich erinnere mich an Tränen in Australien – Tränen der Einsamkeit und Fremdheit an einem Heiligabend bei 40 Grad im Schatten mit Barbecue statt Kerzenschein.

Ich erinnere mich an Weihnachten mit Freunden, an denen ich dankbar für Freundschaft war und mich zugleich nach einer eigenen Familie sehnte. Und ich erinnere mich an sehr schöne Weihnachten – im Kreis von Menschen, denen ich tief verbunden war. An stille, heilige Momente des Staunens darüber, dass der Herr des Himmels, Jesus, unsere Welt besucht hat, um uns für immer in die Familie seines Vaters hineinzunehmen.

Weihnachten ist für mich Sehnsucht. Manchmal erfüllt in kleinen Mosaikstückchen. Manchmal als leise Andeutung von dem, was noch viel Schöneres kommen mag.

Dieses Buch ist eine Sammlung solcher Weihnachtsmomente – ehrlich, berührend, hoffnungsvoll. Frauen aus unterschiedlichen Lebensphasen erzählen von Festen, die anders verliefen als geplant, von überraschendem Trost, von stillem Glück und von dem Licht, das selbst in dunklen Tagen nicht verlischt.

Meine Hoffnung ist, dass die Geschichten Ihnen Mut machen und Sie durch die Advents- und Weihnachtszeit begleiten. Lassen Sie sich einladen, Weihnachten im Herzen zu entdecken – vielleicht ganz anders als erwartet, aber dennoch tief und echt.

Ihre Delia Holtus

Kapitel 1

Geschenke des Herzens – vom Geben und Beschenktwerden

Weihnachten ist eine Zeit des Gebens und Empfangens. Doch wahre Geschenke kommen nicht unbedingt in hübschem Papier verpackt, sondern sind oft Gesten der Liebe und Aufmerksamkeit.

»So soll jeder für sich selbst entscheiden, wie viel er geben will, und zwar freiwillig und nicht aus Pflichtgefühl. Denn Gott liebt den, der fröhlich gibt.«
2. Korinther 9,7

Unterwegs, um anzukommen

Susanne Ospelkaus

Lesezeit: ca. 13 Minuten

Das kann doch nicht wahr sein! Ich stehe in einer langen Warteschlange am Flughafen. Mein jüngster Sohn sitzt auf dem Boden und blättert in einem Bilderbuch. Mein großer Sohn ist fünf Jahre alt und fragt nach seiner Zigarette. Die wartenden Menschen starren mich an. Ich reiche meinem Sohn einen Kaugummi. Nun ist er erst einmal beschäftigt. Papier abfriemeln. Puderzucker durch das Röhrchen pusten. So tun, als ob. Kauen und kauen.

Es ist der 24. Dezember. Ein Schneesturm hat den Münchner Flughafen zum Stillstand gebracht. Vor mir tun sich drei Männer zusammen und wollen ein Auto mieten. Hinter mir sucht eine Frau eine Zugverbindung. Ich bin schon erschöpft von der Anreise mit zwei Kindern zum Flughafen. Die Vorstellung, siebenhundert Kilometer mit dem Zug oder Auto zu reisen, ermattet mich.

Ich will einfach nur ankommen und nicht unterwegs sein. Zu lange war ich unterwegs. Vor zwei Jahren jagte mich eine Krebserkrankung durch Chemotherapien und zerschlug mein Immunsystem. Mein Ehemann nahm unsere Kinder und fuhr zu den Großeltern. Ich blieb Weihnachten allein zu Hause, damit ich mich ausruhen konnte und die Kinder mich nicht mit einem Infekt ansteckten.

Das letzte Weihnachtsfest verbrachte ich bei meinen Eltern – mit Kindern, aber ohne Ehemann. Drei Monate zuvor war er gestorben. *Das kann doch alles nicht wahr sein! Ich bin eine Witwe?*

Ich weinte und schlief viel. Trotzdem hatte ich für die Kinder ein Geschenk vorbereitet. Ich kaufte eine gebrauchte Holzritterburg, doch auf der Burg waren Totenköpfe aufgedruckt. Ich verbrachte Stunden damit, diese grinsenden Totenmasken zu übermalen. Ich übertünchte meine Empörung über den Tod. Es war ein schweres Weihnachtsfest und trotzdem erlebten meine Kinder leichte Momente, weil die Großeltern Lieblingsspeisen kochten, Geschichten vorlasen, Spaziergänge machten, Abzählreime wiederholten und nicht müde wurden, die immer gleichen Spiele zu spielen.

Dieses Jahr sollte es anders werden. Denn ich habe Alexander kennengelernt. Wenn mich jemand fragt, wer er sei, sage ich: »Ein Freund der Familie.«

Ich verschweige, dass er mir schon mehr geworden

ist – Vertrauter, Gefährte, ein Gegenüber. Bin ich feige? Nein, eher besorgt. Die Leute könnten reden, dass das Trauerjahr doch gerade erst vorbei sei, dass es zu früh für eine neue Beziehung sei. Wahrscheinlich reden sie sowieso.

»Bekomme ich noch eine Zigarette?«

Mein Sohn reißt mich aus meinen Gedanken.

»Wann sind wir da?«

Wir sind noch nicht einmal unterwegs. Wie sollen wir denn ankommen?

Mein kleiner Sohn drückt sich an die riesige Glasscheibe in der Flughafenhalle. Schnee wirbelt durch die Luft. Es sieht schön aus.

»Lasst uns gehen.«

Ich schultere meinen Rucksack und nehme meine Söhne an die Hand.

»Wo gehen wir hin?«

»Nach Hause.«

Die S-Bahn zuckelt durch die verschneite Landschaft. Es dauert lange. Die Kinder werden unruhig. Ich male Männchen an die beschlagenen Fensterscheiben. Draußen ist es weiß. Der Horizont verschwimmt. Man sieht nicht, wo die Erde endet und der Himmel beginnt. Eigentlich ist das schön. Als könne man direkt in den Himmel spazieren. Ich denke an meinen verstorbenen Mann. Auch wenn sich meine Trauer verändert hat – dieser Mensch fehlt mir so sehr.

★

Endlich haben wir unser Dorf erreicht. Der Rucksack drückt auf meinen Rücken. Die Kinder tollen durch den Schnee, obwohl sie nicht die passende Kleidung anhaben. Sie bekommen nasse Füße und klamme Hände.

»Mal sehen, wer als Erster zu Hause ist«, rufe ich.

Wir rennen durch den Schnee. Die Kinder hüpfen und purzeln. Die letzten Meter werden anstrengend, denn jetzt frieren sie und haben Hunger.

Mir fällt ein, dass ich kein Essen zu Hause habe außer Nudeln und Zwieback.

Erst als die Kinder eingemummelt auf dem Sofa sitzen und am Zwieback lutschen, erlaube ich mir die Traurigkeit. Alles ist anders als geplant. Ich fühle mich betrogen. Von wem eigentlich? Vom Wetter, von den Umständen, von Gott? Andere feiern als Familie und ich hocke in meiner Wohnung ganz ohne Weihnachtsschmuck.

Ich rufe Alexander an.

»Dann komme ich«, sagt er.

»Die Wege sind verschneit.«

»Egal.«

»Das ist gefährlich.«

»Ich fahre vorsichtig.«

»Selbst wenn du jetzt losfährst, bist du erst nach Mitternacht da.«

»Ja, aber dann feiern wir morgen. Ich bringe Essen mit und Geschenke für die Jungs.«

Er lässt sich nicht von seiner Idee abbringen und eigentlich wünsche ich mir, dass er sich nicht abbringen lässt.

Was nun? Es ist Nachmittag. Wir könnten zum Familiengottesdienst gehen.

Ich bin erstaunt, dass meine Kinder alles mitmachen. Sie sind so neugierig und gespannt – schließlich ist Weihnachten. Wieder ziehen wir uns an und wieder wagen wir uns in den Schnee.

★

In der Kirche werden wir begrüßt.

»Was macht ihr denn hier?«

Eine Freundin nimmt mich schließlich in den Arm. Die Nähe macht mich empfindsam. Ich weine und weiß, dass es nicht der annullierte Flug ist. Es ist die Fülle an Traurigkeit, die ich in den letzten zwei Jahren erlebt habe.

Der Gottesdienst ist schön. Die Kinder strahlen. Man wünscht einander gesegnete Weihnachten. Einige eilen nach Hause. Manche lassen sich Zeit. Ich stehe herum und weiß nicht, was ich tun soll. Ich kann mich doch nicht einfach bei anderen einladen, oder? Die Familien wollen bestimmt für sich sein …

»Möchtet ihr zu uns kommen?«, fragt eine Frau.

»Oder zu uns?«, ruft eine andere.

Wir bekommen noch mehr Einladungen. Ich bin überwältigt und entscheide mich für eine Familie mit Großeltern. Mir tut die Gesellschaft von mütterlichen und väterlichen Freunden gut. Die Kinder sind älter als meine und finden es toll, sich zu kümmern. Sie helfen den Jungs aus Jacken und Schuhen.

»Ich glaube, im Keller steht noch eine Kiste mit Autos«, sagt ihre Mutter.

Spielzeug wird angeschleppt. Die großen Kinder reihen die Autos und ihre Erinnerungen auf. Plötzlich sind auch sie wieder klein. Spielzeug statt Konsole. Matchbox statt Handy. Sie liegen auf dem Wohnzimmerboden und ziehen mit den kleinen Autos Spuren in den Hochflorteppich.

»Tut-tut. Brumm-brumm«, plappert mein Kleiner.

»Aus der Bahn, Kartoffelschmarrn«, ruft dann der Große.

Die Tafel war schon eingedeckt, als wir ankamen. Nun werden Stühle und weitere Teller geholt. Sogar zwei bunte Kinderteller werden hingestellt. Mich rührt es, wie sie Geschirr aus den untersten Schubladen hervorholen.

Platten mit Fenchelsalat, Antipasti und Gratin werden aufgestellt. Suppe dampft aus einer bauchigen Schüssel.

»Das mag ich nicht«, sagt mein Sohn.

Ich will ihn ermahnen, doch das Gastgeberkind ist schneller: »Und magst du das?«

Der Junge zerdrückt eine Kartoffel und fummelt einzelne Pilze aus dem Gratin. Diese Geduld hätte ich nicht.

Es dauert nicht lange, da zappeln meine Kinder auf den Stühlen. Das ist mir unangenehm.

»Dann geht doch spielen«, sagt die Großmutter.

Hier ist so viel Freiraum, dass ich fast zerfließe. Ständig muss ich mich zusammenreißen, um Tränen zurückzuhalten, Umstände auszuhalten, im Alltag durchzuhalten und nun wird uns so viel erlaubt – wir werden gehalten.

»Ruh dich aus.« »Nimm dir doch noch.« »Lass dir Zeit.« So reden sie mit mir. Es tut gut. Es ist heilsam.

Es war ein langer Tag. Meine Söhne haben rote Bäckchen und glasige Augen. Sie sind völlig übermüdet. Der große Gastgeberjunge reicht uns zwei kleine Geschenke. Meine Söhne brauchen lange, um sie aus dem vielen Klebeband zu lösen.

»Ein Auto! Mama, guck, ein Auto!«

»Ich auch!«

Jeder hält ein Matchboxauto in die Luft. Mit ihnen hatten sie vorhin gespielt und der Junge hat sie ihnen geschenkt. Einfach so. Das hatte kein Erwachsener eingefädelt.

★

Vorsichtig fahre ich nach Hause. Es schneit nicht mehr und die Straßen sind freigeräumt. Ich sehe nur so weit, wie die Scheinwerfer strahlen. Stück für Stück. So ist es auch in meinem Leben. Ich sehe nur, was vor mir liegt, kann nicht um Kurven oder über Berge schauen. Ich muss den Weg nehmen, der sich vor mir ausbreitet. In den letzten zwei Jahren waren es schmale Pfade – steil, anstrengend, mühsam. Es waren Umwege und Sackgassen. Ich wurde auf Wege geführt, die ich niemals gehen wollte. Es gab keine Abkürzung.

Mein Lebensweg verlief anders als gedacht und langsam versöhne ich mich damit. Denn ich entdecke das Besondere im Alltäglichen, das Heilige im Gewöhnlichen und das Friedliche im Chaos. Wir sind nicht gottverlassen, wir sind gottgefunden.

★

Als wir unser Zuhause erreichen, sind die Kinder eingeschlafen. Ich trage sie ins Haus, lege sie in ihre Betten und ziehe ihnen nur Schuhe und Jacken aus.

Noch einmal gehe ich zum Auto und hole die zwei Matchboxautos. Meine Schritte hinterlassen Spuren im Schnee und wirbeln feine Flocken auf. Sie glitzern im Licht der Straßenlaterne. Ich sehe ihnen nach, wie sie sich langsam senken, und wundere mich über diesen spielerischen Tanz der Flocken. Sich wundern. Ein Wunder. Niemand kann sich aus eigener Kraft wundern. Das ist wie mit dem Lachen oder dem Glauben.

»Nun lach doch mal!«

»Nun wundere dich doch mal!«

»Glaub doch einfach!«

»Du musst vertrauen!«

Nein, lachen und sich wundern, glauben und hoffen, vertrauen und weitermachen sind Geschenke und kommen direkt aus dem Himmel. Man kann es nicht machen, sondern nur empfangen.

Die feinen Flocken schweben um mich herum, legen sich auf meine Schuhe oder verfangen sich an den Fransen meines Schals. Ich strecke eine Hand aus und warte, bis die Flocken auf meinen warmen Fingern schmelzen. Ein ausgestreckter Arm, eine offene Hand – warten und empfangen. Weihnachten!

Susanne Ospelkaus spürt dem Besonderen im Alltäglichen nach, sammelt Augenblicke und verwandelt sie in Geschichten voller Staunen, Witz, Tiefe und Hoffnung. Sie schreibt für Kinder, Jugendliche und Erwachsene – mit einem liebevollen Blick für das Leben in all seinen Facetten.

Advent und Weihnachten ist wie ein Schlüsselloch, durch das auf unsren dunklen Erdenweg ein Schein aus der Heimat fällt.

Friedrich von Bodelschwingh

Willkommen am Weihnachtstisch

Elke Werner

Lesezeit: ca. 12 Minuten

Es ist Heiligabend. Alle sind schick gekleidet ins Gemeindehaus gekommen. Kinder laufen aufgeregt umher, denn gleich kommt ihr großer Auftritt im Krippenspiel. Unter die vielen Hundert Besucher haben sich einige ausländische Gäste gemischt. Neugierig wollen sie miterleben, wie Christinnen und Christen Weihnachten feiern und was daran so besonders ist. Der Gottesdienst und vor allem das Krippenspiel begeistern sie. Danach machen sich die meisten eilig auf den Weg nach Hause, denn nach dem besonderen Essen wird dort die Bescherung stattfinden.

Mein Mann und ich stehen nach dem Gottesdienst noch eine Weile vor dem Haus und grüßen viele zum

Weihnachtsfest, die ihre Kinder einsammeln und auf dem Weg zu ihrer Feier im Kreis der Familie sind. Dabei entdecken wir noch einige ausländisch aussehende junge Leute, die anscheinend noch nicht so genau wissen, wo sie jetzt hingehen sollen. Wir laden sie ein, mit zu uns nach Hause zu kommen. So kommen spontan noch zwei muslimische Iranerinnen und ein christlicher Brasilianer mit. Auch wir gehen bald nach Hause, denn dort erwarten uns schon andere Gäste, die sich zu unserer Feier angemeldet hatten.

★

Seit mehr als vierzig Jahren feiern mein Mann und ich Heiligabend mit Freunden und Fremden bei uns zu Hause. Wir künden es im Gottesdienst an und ermutigen, es weiterzusagen. Wir leben in Marburg, einer Universitätsstadt. Von den mehr als 21.000 Studierenden kommen etwa 4.700 aus dem Ausland. Viele von ihnen haben einen christlichen Hintergrund und besuchen an Weihnachten ihre Familien. Andere nutzen die kurzen Ferien für Reisen in Deutschland oder Europa. Aber viele bleiben auch in Marburg und manche von ihnen hoffen, einmal Weihnachten in einer deutschen Familie zu erleben.

Inspiriert zu der Idee eines offenen Hauses am Heiligen Abend hatte uns zu Beginn unserer Ehe die

Geschichte eines christlichen Studenten aus Asien. Er erzählte uns Folgendes: Er war im Weihnachtsgottesdienst einer deutschen Gemeinde gewesen, die er auch sonst sonntags zum Gottesdienst besuchte. Er hatte sich besonders schick angezogen und freute sich auf den Gottesdienst. Fest rechnete er damit, dass ihn im Anschluss jemand zu sich nach Hause einladen würde, denn so war es in seinem Heimatland üblich. Doch am Ende des Gottesdienstes lichteten sich die Reihen und schon bald stand er allein da. Enttäuscht und traurig ging er zurück zu seinem Studentenheim, zog sich um und verbrachte den Heiligabend allein. Als mein Mann und ich von seinem Erlebnis hörten, stand für uns fest: Niemand soll den Heiligabend allein feiern müssen!

So sind wir jedes Jahr auf viele Gäste vorbereitet. Gern können zu den bereits angemeldeten Gästen noch welche spontan dazukommen. Es kommen Singles, Menschen in Rufbereitschaft, etwa in medizinischen Berufen, frisch Getrennte und einfach junge Leute, die gern mal anders Weihnachten feiern wollen. Alle angemeldeten Gäste können etwas zum Essen, Knabbern und Trinken mitbringen. Das Hauptgericht kochen wir, meistens einen Auflauf mit Hühnchenfleisch, denn das können auch Menschen mit muslimischem Glauben essen. Wir bereiten viel vor und freuen uns über spontane Gäste. Letztes Jahr waren es drei Deutsche, eine Amerikanerin, ein Russe, ein Brasilianer, eine Frau aus

Uganda und vier junge Leute aus dem Iran. Eine bunte Truppe, die eine Menge Freude mitbrachte!

★

Im Laufe der Jahre haben wir ein kleines Ritual für unsere Feier entwickelt. Es wird Englisch und Deutsch gesprochen. Wir singen deutsche Weihnachtslieder und lassen die Weihnachtsgeschichte jeweils in den Sprachen der Anwesenden vorlesen. So kam es einmal, dass eine Marokkanerin zum ersten Mal in ihrer Muttersprache einen Bibeltext las. Sie übernachtete bei uns und am nächsten Morgen hatte sie sich schon vor dem Frühstück die arabische Bibel genommen und weitergelesen. Sie ist dann einige Zeit später durch das Anschauen des Jesus-Films zum Glauben gekommen. Ihr erster Kontakt mit Gottes Wort in ihrer Muttersprache war bei unserer Weihnachtsfeier. Welch ein Geschenk!

Zu Beginn des Abends bitten wir einen der Gäste, die Kerzen am Baum anzuzünden. Für viele, auch für viele Deutsche, ist es das erste Mal, dass sie echte Kerzen am Baum sehen. Das Anzünden der Kerzen wird mit der Kamera festgehalten und stolz an Verwandte und Freunde in aller Welt versendet. Danach essen wir gemütlich und spielen im Anschluss einige Spiele in kleineren Gruppen. Dabei suchen wir vor allem solche Spiele aus, die keine großen Deutschkenntnisse voraussetzen, beispielsweise Uno. Gegen Ende gibt es eine Bescherung, denn wir haben für jeden Gast – auch für jeden Überraschungsgast – ein kleines Geschenk und eine Tüte mit typisch deutschen Weihnachtssüßigkeiten vorbereitet.

★

In einem Jahr hatten wir vier Wissenschaftler aus der Volksrepublik China zu Gast. Sie schenkten uns eine mit Nikolausmotiven bestickte Tischdecke und erklärten uns freudig, dass Weihnachten jetzt auch in China angekommen sei. Durch sie wurden wir mit einem Brauch aus ihrer Region bekannt gemacht: Wer beim Spiel verliert, muss unter dem Tisch durchkriechen. Ein großer Spaß!

In einem anderen Jahr war ein chinesischer Student unter den Gästen. Er wurde später Christ und war einige Jahre mit seiner deutschen Frau in einem missionarischen internationalen Kreis in unserer Gemeinde aktiv. Ein weiterer besonderer Gast, der zu einem Freund unserer Familie wurde, ist ein ehemaliger Salafist aus dem Nahen Osten. Er hatte in seinem Heimatland Christen beobachtet, die, wie er berichtete, eine besondere Liebe für Menschen hatten. Sie sprachen nicht direkt über ihren Glauben, bezeugten ihn aber mit ihrem Leben. Als andere Salafisten mitbekamen, dass er Kontakte zu Christen hatte, drohten sie, ihn zu töten. Nach seiner Flucht kam er nach Deutschland.

Hier erfuhr er mehr über den Glauben und wurde selbst Christ. Jetzt lebt er mit seiner Familie in einer deutschen Kleinstadt, hat seine Ausbildung in einem Supermarkt erfolgreich beendet, seine Sprachkenntnisse perfektioniert und hofft darauf, eingebürgert zu werden. Er hat seine islamistische Vergangenheit hinter sich gelassen.

Ein anderes Mal war eine junge Iranerin zu Besuch, die mit ihrem Handy unser Weihnachtsliedersingen aufnahm und im Netz postete mit dem Kommentar: »Einer der besten Abende meines Lebens.« Auch sie wurde später Christin.

★

Kann man Muslime überhaupt an Weihnachten einladen? Ja, unbedingt! Sie sind ja frei, die Einladung abzulehnen. Außerdem empfinden sie es vielleicht als eine Ehre und besondere Freude, in eine christliche Familie eingeladen zu werden. Das jedenfalls haben uns viele unserer Gäste so gesagt. Manche kennen auch schon Christen aus ihren Heimatländern. Und außerdem ist es in einigen muslimischen Ländern üblich, dass sich Christen und Muslime zu ihren jeweiligen großen Festen gegenseitig besuchen. Für andere wiederum ist es in ihren Heimatländern gar nicht möglich, Christen zu treffen, weil es nur so wenige gibt oder weil die christliche Minderheit gesellschaftlich ausgeschlossen und unterdrückt wird. Alle aber wissen, dass Weihnachten ein Fest der Christen ist. Was ihnen in ihren Ländern durch Deko und Weihnachtsmärkte, Adventsmusik und Tannenbäume leider nicht begegnet, ist der Inhalt des Festes: Warum feiern wir Weihnachten überhaupt?

Was wir bei unseren Weihnachtsfeiern nicht tun, ist, aktiv zu evangelisieren. Vielmehr lassen wir unsere Gäste einfach miterleben, wie wir Weihnachten feiern, und erzählen ihnen, warum wir es feiern. Wir erklären ganz kurz, was wir glauben: dass Gott in Jesus Mensch geworden ist und dass wir in Jesus sehen können, wie Gott ist. Daraus ergeben sich für jeden andere Fragen und öffnen sich neue Horizonte.

Dass Menschen sich nach unserer Weihnachtsfeier dem Glauben zuwenden und mit uns in Kontakt bleiben, ist die Ausnahme. Bei vielen ist der Besuch einmalig und der Kontakt bricht ab. Andere sind interessiert und suchen Kontakt zu anderen Christen. Wir laden Weihnachten einfach zu einem Abend in Gemeinschaft ein und beten für unsere Gäste, aber wir überlassen es Gott, welche Impulse er jedem mitgibt und wie der Weg für ihn oder sie weitergeht. Für uns ist diese Feier jedes Jahr ein Abenteuer und gleichzeitig eine große Freude. Denn es stimmt, was Daniel über Jesus vorausgesagt hat:

»Ihm wurde gegeben Macht, Ehre und Reich, dass ihm alle Völker und Leute aus so vielen verschiedenen Sprachen dienen sollten. Seine Macht ist ewig und vergeht nicht, und sein Reich hat kein Ende« (Daniel 7,14; LUT).

Elke Werner lebt mit ihrem Mann Roland in Marburg und verbindet seit vielen Jahren Glauben, Kunst und Kommunikation. Als Theologin, Autorin und leidenschaftliche Referentin ist sie im In- und Ausland unterwegs – immer mit Herz, Tiefgang und einer klaren Botschaft.

Kleine Geste, große Wirkung

Vanessa Siemens

Lesezeit: ca. 12 Minuten

»Kannst du mir bei was helfen?«

Ich schaue von meinem Laptop auf zu meinem Vater, der im Türrahmen steht. »Wobei denn?«, frage ich müde und strecke die Beine noch ein bisschen mehr auf der Couch aus. Der Arbeitstag war lang und anstrengend gewesen, ich bin eigentlich froh, gerade gar nichts mehr zu machen. Nur noch ein bisschen im Internet surfen, meine Lieblingsserie gucken und vielleicht ein bisschen schreiben …

»Wir wollen doch bald mit Sveta und den Kindern bei uns Weihnachten feiern.«

Richtig. Meine Eltern haben die kleine Familie aus der Ukraine, die seit dem Beginn des Kriegs 2022 in unserer Nachbarschaft bei meiner Tante im Haus wohnt, am vierten Advent eingeladen. Sveta und ihre drei kleinen Kinder im Grund- und Vorschulalter sind schon richtig Teil unseres Lebens und Alltags geworden. Scherzhaft nenne ich die Kids »unsere ukrainischen Enkelkinder«, weil meine Eltern ständig etwas mit ihnen unternehmen, sie zu uns zum Mittagessen vorbeikommen, wenn die Mutter noch beim Sprachkurs ist, und ich die Playmobilkiste schon unzählige Male vom Dachboden heruntergeschleppt habe. Ich habe die drei Kinder auch gern. Sie beherrschen die deutsche Sprache schon sehr gut und haben ihre anfängliche Schüchternheit längst abgelegt. Mit Sveta ist es kommunikationstechnisch noch nicht so leicht, aber sie bemüht sich, immer mehr zu lernen. Da meine Eltern Russisch sprechen, haben sie keine Sprachbarriere und Sveta hat in ihnen Mentoren und gute Freunde gefunden.

»Und?«, frage ich. Dass wir die kleine Feier bei uns machen wollen, steht schon länger fest.

»Ich wollte ein bisschen Programm machen«, antwortet mein Vater.

Ich muss mich bemühen, nicht die Augen zu verdrehen. Nicht dass ich kein Programm mag, aber ich habe wirklich keine Lust, etwas vorzubereiten, und das wird er mich garantiert gleich fragen.

»Willst du ein Spiel machen?«

»Hm, meinst du, die wollen das?«, weiche ich aus und ärgere mich ein bisschen, dass ich so unwillig bin.

Mein Vater sieht enttäuscht aus. Er liebt Programm.

Lieder singen, Spiele spielen, Gedichte aufsagen …
»Ich dachte an dieses Wickelgeschenkspiel …«

Ich weiß, was er meint, und versuche, irgendwo in den hintersten Winkeln meiner Seele ein paar Körnchen Motivation zu finden. Es ist wie immer viel los im Dezember und eigentlich habe ich keine Lust, noch mehr auf meine To-do-Liste zu setzen. Außerdem bin ich noch nicht so ganz warm mit Sveta und den Kids. Meine Eltern sind die herzlichen, gastfreundlichen Menschen in unserer Familie, nicht ich. Mein Vater fährt mit ihnen Fahrrad, tobt mit ihnen draußen, macht Nachtwanderungen, Mama sitzt mit ihnen in der Küche und lässt sich von ihnen von ihrem Tag erzählen. Sie gehen zusammen spazieren, dann macht Papa oft Pfannkuchen zum Abendessen und es werden Spiele gespielt.

Ich ziehe mich meistens eher zurück.

Papa sieht mich immer noch abwartend an. Ich winde mich ein wenig und murmele schließlich: »Joa, können wir bestimmt demnächst mal machen«, in der Hoffnung, er würde es wieder vergessen.

Aber es geht um ein Weihnachtsprogramm, das vergisst Papa nie.

Er fragt mich noch ein paarmal.

Und ich ärgere mich, dass ich so rumheule, gebe mir einen Ruck und sage schließlich zu.

★

Ich überlege mir ein gutes Dutzend Weihnachtsrätselfragen, die die Kids lösen müssen, bevor sie eine Schicht des Geschenks auspacken dürfen, unter der eine Kleinigkeit für das jeweilige Kind stecken wird.

Meine Eltern haben die kleinen Geschenke bereits besorgt: Schokoladentäfelchen, Gummibärchen und ganz am Schluss ein Stimmgerät für die Gitarre der beiden älteren. Ich muss sie nur noch in der richtigen Reihenfolge einpacken und die Fragen draufkleben. Papa hilft mir dabei und ich fühle einen Funken Vorfreude auf den Sonntag. Vielleicht sollte ich bei der Feier sogar dabei sein …?

»Natürlich!«, ruft meine Mutter aus, als ich den Gedanken mit ihr teile. »Die Kinder werden sich sehr freuen!«

Na ja, warum nicht. Zum Essen werde ich sowieso da sein, dann kann ich auch noch das Geschenk mit ihnen enträtseln.

Der vierte Advent kommt. Mama bereitet Raclette und Salat vor, der Baum ist geschmückt, die Geschenke liegen schon darunter, das Feuer flackert im Kamin und die uralte CD mit den noch älteren Weihnachtsliedern läuft leise im Hintergrund.

Sveta und die Kids kommen mit ihrer Gitarre bewaffnet zu uns, vor allem die Jüngste ist schon völlig aufgedreht. Ich muss lächeln, als ich die Aufregung und das Glänzen in den Augen der Kinder sehe.

★

Mein Vater übernimmt die Moderation unserer kleinen Wohnzimmerfeier und die Kinder sagen der Reihe nach ihre Gedichte auf, erst auf Deutsch, dann auf Ukrainisch. Danach dürfen die beiden älteren ihre Gitarrenkünste zum Besten geben und wir singen zusammen einige Weihnachtslieder aus unseren zerfledderten Liederbüchern – diesmal auf der Gitarre begleitet von meinem Vater.

Als ich mit meinem Wickelgeschenkspiel an der Reihe bin, bin ich ein bisschen aufgeregt, obwohl ich alle Anwesenden kenne. Es macht mir unheimlich Spaß, die Kids dabei zu beobachten, wie sie fieberhaft überlegen, welche Geschenke die Weisen gebracht haben, von welchem König Josef abstammte und weshalb Maria und Josef überhaupt nach Bethlehem reisen mussten. Ich muss grinsen, als die Geschwister sich laut flüsternd die Lösungen verraten, damit jeder die Fragen beantworten und die nächste Schicht auspacken kann.

Sveta hat auch ein Spiel mit kleinen Geschenken vorbereitet. Ich bekomme ein Glas Nussnougatcreme geschenkt, was mich zum Lächeln bringt.

Dann liest Mama die Geschichte »Ein großer Tag für

Vater Martin« vor, wobei sich die Kinder um sie scharen, um die Bilder anzuschauen und ihr zuzuhören.

Währenddessen sitze ich am Kamin und mein Herz wird angerührt von dieser Szene. Heimlich blinzle ich die Tränen zurück und schlucke hart, als Mama vorliest, wie Vater Martin am Fenster steht und auf seinen besonderen Gast wartet.

Es ist einfach so schön, so friedlich, so … lieblich. So, wie ich Weihnachten von klein auf kenne.

Wir gehen über zur Bescherung und ich werde von der kleinen Familie überrascht, als ich auch ein Geschenk auspacken soll. Alle müssen lachen, als ich eine Tasche voller Chipstüten bekomme. Mein (nicht ganz heimliches) Laster.

Breit lächelnd schaue ich den Kindern zu, wie sie Playmobil, Lego, rosa Schmuckkästchen und einen Haufen Hörspiele auspacken. Die Freude ist groß und es gibt viele Umarmungen und strahlende Gesichter.

Nach dem köstlichen Essen bringe ich den Kids das Kartenspiel »Phase 10« bei, wobei wir die Gummibärchentüten plündern.

Der Abend ist harmonisch, voller Freude und einfach nur schön (auch wenn es bei »Phase 10« ein paar frustrierte Tränchen gab). Ich bereue es ganz und gar nicht, ihn mit allen bis zum späten Ende verbracht zu haben, obwohl ich eigentlich geplant hatte, nach dem Essen zu verschwinden.

★

Einige Tage später erzählt mir meine Mutter, dass sie sich mit Sveta über den Abend unterhalten hat. Sie hat ihrem Mann, der noch in der Ukraine ist, davon berichtet und gesagt: »Du wirst es nicht glauben, Jura. Es war wie im Film! Ich habe mich auf dem Weg nach Hause die ganze Zeit gefragt, ob das gerade wirklich passiert ist.«

Diese Art zu feiern kannte Sveta nicht. Für sie war es einfach nur wundervoll und sie war so überwältigt, dass sie für ihren Mann noch nicht einmal die richtigen Worte fand, um den Abend zu beschreiben. Meine Mama erzählt außerdem, dass die Kids zu Hause besonders betont haben, wie toll sie es fanden, dass ich auch dabei gewesen war – »den ganzen Abend!«.

Ich bin beschämt, als ich das höre.

Anfangs hatte ich gar nicht dabei sein wollen, hatte meinem Vater nicht helfen wollen, hatte mich frühzeitig verdrücken wollen. Dabei hat es dieser kleinen Familie, die gerade eine wirklich harte Zeit durchmacht, in der sie nicht wissen, was die Zukunft für sie und ihr Heimatland bringen wird, so viel Freude beschert. Und das nur, weil ich mir eine Stunde für dieses Rätselgeschenk genommen habe und den Nachmittag und Abend mit ihnen verbracht habe. So wenig Aufwand für so viel Freude!

Wie wertvoll ist es, einfach ein bisschen Arbeit, Liebe und Offenheit aufzubringen! Und ist das nicht genau das, was Weihnachten ausmacht? Zeit und offene Türen zu verschenken – Haustüren und Herzenstüren.

Jesus hat uns an Weihnachten Freude und Licht gebracht. Ich möchte lernen, diese Freude weiterzugeben – nicht nur in der Weihnachtszeit.

Vanessa Siemens schreibt seit ihrer Teenagerzeit Geschichten, in die sie gern viel Action einarbeitet. Sie liebt es, Zeit mit ihren Freunden und ihrer Familie zu verbringen und zu reisen.

Mache dich auf, werde licht;
denn dein Licht kommt, und die Herrlichkeit
des Herrn geht auf über dir!

Jesaja 60,1; LUT

Von Westpaketen und Weihnachtsgebäck

Daisy Gräfin von Arnim

Lesezeit: ca. 5 Minuten

In meiner Kindheit begann Weihnachten in unserer Familie schon im Herbst – geprägt von zwei Dingen: Paketen und Plätzchen. Auf dem Land groß geworden, erlebte ich die Vorbereitungen meiner Mutter intensiv. 1949 kehrte mein Vater aus russischer Gefangenschaft zurück und gründete einen Tierpark im Oldenburger Land. Das nächste Dorf lag zwei Kilometer entfernt, der nächste Laden zehn Kilometer. Sein Besitzer stammte wie mein Vater aus Schlesien und der Einkauf dort war immer ein Ereignis. Trotzdem waren wir froh, uns nicht für jede Besorgung auf den Weg dorthin machen zu müssen: Einmal in der Woche fuhr der Ladeninhaber mit einem mobilen Verkaufswagen über Land und machte auf seiner Route auch bei uns Halt. Die sorgfältig aufgeschriebene Einkaufsliste meiner Mutter sehe ich noch heute vor mir: 12 Brötchen für 1,80 Mark, 1 Striezkuchen – süßes, geflochtenes Hefegebäck – für 2 Mark, 4 Liter Milch für 3,40 Mark. Ich freute mich immer besonders auf das herrliche Brot mit der glatten Kruste – einfach zum Reinbeißen!

Als in Oldenburg ein Discounter eröffnete, war das eine kleine Sensation. Wir konnten das überwältigende Angebot erst gar nicht fassen. Meine Mutter begeisterten vor allem die Weihnachtsprodukte, die schon früh im Jahr in den Verkauf kamen: Lametta, Schokolade, Sukkade, Orangeat und weitere Backzutaten, Kaffee, Seife, Spielzeug … Waschkörbeweise griff sie zu. Nach wohlüberlegter Sortierung wurden dann daraus »Westpakete« gepackt. Dafür benötigten wir viele Rollen Geschenkpapier, da alles schön verpackt wurde. Ich erinnere mich daran, dass ich als kleines Mädchen sogar Zitronen mit Schleifenband umwickelte und mir sicher war, dass die Beschenkten sich bestimmt daran erfreuen würden.

Aber es ging nicht nur darum, besondere Lebensmittel und andere Waren in die alte Heimat zu schicken. Sehr wichtig waren die persönlichen Briefe, die selbstverständlich dazugehörten. Um richtig anknüpfen zu können, zog meine Mutter die bisherige Korrespondenz hervor und vertiefte sich in die Weihnachtsbriefe des letzten Jahres oder die, die unterjährig ausgetauscht worden waren.

Die Adresslisten meiner Mutter waren lang – Schulfreundinnen, Verwandte, Bekannte aus ihrem Heimatdorf bei Demmin in Mecklenburg-Vorpommern. Alle wurden liebevoll bedacht. Besonders auch eine Tante, die meine Mutter in ihrer Kindheit sehr geprägt hatte und die nach Krieg und Enteignung in Greifswald geblieben war. Dass sie sie nie sehen konnte, quälte meine Mutter sehr. Umso inniger fielen die Pakete aus. Auch die Tante schickte wunderschöne Päckchen. Ein Nadelkissen, das sie selbst sorgfältig bestickt hatte, zählte lange zu meinen Schätzen. Ebenso wie die Sandmann-Figur, die außer mir niemand hatte. Die Sukkade und das Orangeat, von meiner Mutter Wochen zuvor in die alte Heimat geschickt, kehrten oft in köstlichen Stollen zu uns zurück.

Es war ein Kreislauf des Gebens und Empfangens, ein Band zur alten Heimat, das meine Mutter nie abreißen ließ. Bis zu ihrem Tod schrieb sie vielen Menschen treu jedes Jahr. Das Auspacken der Pakete und das Lesen der Weihnachtspost von »zu Hause« war für sie einer der Höhepunkte des Weihnachtsfestes.

Für uns Kinder war dieses geheimnisvolle, nicht zu erreichende Land der Träume meiner Mutter allgegenwärtig. Alles dort war schöner und durch nichts zu ersetzen. In der Weihnachtszeit wog der Verlust noch schwerer als sonst.

Ein Weihnachtsfest ist mir besonders im Gedächtnis geblieben: Meine Großmutter war zu Besuch und hatte gerade ihre Erinnerungen niedergeschrieben. Jeden Abend nach dem Essen las sie daraus vor. Wir lauschten gespannt den Erlebnissen aus einem Dorf in Mecklenburg-Vorpommern, und den Geschichten über Vertreibung und Flucht. Ihre Erinnerungen endeten mit gereimten Worten, die ursprünglich aus dem Baltikum stammten: »Wechselnde Pfade, Schatten und Licht, alles ist Gnade, fürchte dich nicht.« Die Erwachsenen weinten und wir Kinder verstanden nicht recht, warum. Wir saßen doch alle zusammen gemütlich im weihnachtlich geschmückten Wohnzimmer! Wie froh und dankbar bin ich, dass meine Mutter die Grenzöffnung und Nachwendezeit noch hat miterleben dürfen.

★

Auch das Plätzchenbacken begann in unserer Familie früh, spätestens Mitte Oktober. Schließlich sollte ja alles rechtzeitig zum Fest fertig sein. In der Apotheke wurden geheimnisvoll klingende Zutaten wie Hirschhornsalz und Pottasche gekauft, die dann in einer großen Wanne zusammen mit Mehl, Zucker und weiteren Zutaten zu einem ganz besonderen Teig verarbeitet wurden. Dieser musste wochenlang ruhen – was für eine Geduldsprobe für uns Kinder!

Das in Sütterlin geschriebene Rezept für die Weihnachtsplätzchen wurde wie ein Schatz behandelt und sorgsam in einer Küchenschublade aufbewahrt. Zusammen mit den ebenso in Ehren gehaltenen, ebenfalls handgeschriebenen Kochbüchern, die 1945 mit auf die Flucht genommenen worden waren. Dankenswerterweise schrieb meine Mutter alles irgendwann in für uns lesbarer Schrift ab.

Das eigentliche Fertigen der Plätzchen dauerte Tage. Mit einem bemehlten Wasserglas stach ich Kreise aus dem Teig und fischte heiße Mandeln aus dem Wasser, um sie von der Haut zu befreien. Im ganzen Haus roch es nach Vanille und Mandeln. Weihnachtsduft lag in der Luft! Und dann durften wir endlich in das erste, noch warme Plätzchen beißen.

Ach, hätte ich damals doch schon gewusst, was für eine tiefere Bedeutung das Plätzchenbacken hat! Erst Jahre später habe ich erfahren, dass die Gewürze und anderen Zutaten an biblische Botschaften erinnern sollen: Nüsse und Mandeln symbolisieren Gottes Wort, das geknackt werden muss – verborgen in einer harten Schale, aber voller Leben. Mohn und Rosinen stehen für das Samenkorn, das aufgehen und Frucht bringen soll. Die kreisrunde Form vieler Plätzchen verweist auf die Ewigkeit, die durch Jesus Christus geöffnet wurde.

Wie gerne hätte ich meiner Mutter, Großmutter und anderen Verwandten das weitergegeben! Ihnen gesagt, dass es eine lohnenswerte Zukunft gibt, dass Jesus die zerbrochenen Herzen heilt und ihre Wunden verbindet, so wie es in Psalm 147,3 steht.

Weihnachten – das Fest unseres Retters. Für mich untrennbar verbunden mit Briefen, Paketen und Plätzchen. Mit kostbaren Erinnerungen daran, wie wichtig Beziehungen sind. Und die Pflege von Beziehungen! Daran, dass Geschenke und Worte zu Brücken werden können – Brücken in eine verlorene Heimat, Brücken zu anderen Menschen, Brücken in das Fest der Liebe.

Daisy Gräfin v. Arnim ist gelernte Buchhändlerin. Nach der Wende zog sie mit ihrem Mann ins Boitzenburger Land, wo die Familie von Arnim jahrhundertelang beheimatet war. Dort betreibt die Unternehmerin das Apfel-Delikatessengeschäft »Haus Lichtenhain«.

Apfel-Haferflockenkekse

150 g zarte Haferflocken
220 g Mehl 405
1 TL Backpulver
Prise Salz
100 g brauner Zucker
100 g Butter
1 Ei
1 TL Zimt
2 EL Milch
3 EL Apfelmus
200 g klein gewürfelte Äpfel mit Schale
100 g Rosinen

Butter, Ei und Zucker schaumig rühren.
Apfelmus und Milch zufügen.
Haferflocken, Mehl, Backpulver, Salz und Zimt mischen und zufügen.
Zuletzt die Rosinen und gewürfelten Äpfel unterheben.
Backblech mit Backpapier auslegen und kleine Häufchen mit 2 Teelöffeln auf das Blech setzen.
Ofen auf 180 Grad vorheizen und 15 Minuten backen.

Es wird jedes Mal Weihnachten, wenn wir unserem Bruder zulächeln und ihm die Hand reichen.

Mutter Teresa

Nähe schenken, wo Einsamkeit wohnt

Elisabeth Malessa

Lesezeit: ca. 5 Minuten

Viele Jahre lang haben mein Mann und ich Weihnachten auf traditionelle Weise gefeiert. Unsere große Familie mit sieben Kindern und die Gemeinde, die mein Mann als Pastor betreut, nahmen dabei einen großen Raum ein. In diesem Jahr jedoch ist alles ein bisschen anders.

Wir wurden gefragt, ob wir bereit wären, am Heiligabend bei einer Feier für einsame Menschen mitzuarbeiten. Da unsere Kinder inzwischen erwachsen und aus dem Haus sind, haben wir gerne zugesagt.

So verbringen wir den Heiligen Abend nach dem Gottesdienst zusammen mit etwa 25 Personen, die sonst allein zu Hause gewesen wären. Unter den Gästen befinden sich auch sechs junge Inder, die an der kleinen Hochschule unserer Stadt studieren. Schnell merken wir, dass sie gar nicht wissen, was an diesem Abend eigentlich gefeiert wird – für sie ist alles fremd. Wie gut, dass eine der Mitarbeiterinnen fließend Englisch spricht und den Gästen einiges erklären und übersetzen kann!

Wir genießen ein leckeres Abendessen, singen gemeinsam, hören die Weihnachtsgeschichte und haben ein offenes Ohr für die Anliegen unserer Gäste. Es wird ein wunderschöner Abend.

Nach der Feier steht das Aufräumen an, und als ich schließlich müde nach Hause komme, fühle ich mich beschenkt: mit der Freude der Gäste über den gemeinsamen Abend und der Dankbarkeit, dass sechs Menschen mit einem ganz anderen religiösen Hintergrund ein Stück der Weihnachtsfreude erfahren durften.

Auch am folgenden Tag, dem ersten Weihnachtstag, werde ich beschenkt. Zunächst frühstücken wir als Großfamilie ausgiebig miteinander. Danach fahre ich eine Frau, die an Multiple Sklerose erkrankt ist und die ich das ganze Jahr über betreue, etwa dreißig Kilometer zu ihrer Mutter, damit sie zusammen Weihnachten feiern können. Ich habe drei Stunden Zeit, bis ich sie dort wieder abhole.

Bei herrlichem Sonnenschein mache ich allein einen wunderschönen Spaziergang am See – was für ein

Geschenk! Danach besuche ich eine alte Bekannte im Altenheim, von der ich weiß, dass sie an diesem Tag keinen Besuch erwartet.

Ich komme genau im richtigen Moment: Sie sitzt im Rollstuhl und benötigt Hilfe beim Aufstehen. Wir lesen zusammen in der Bibel und beten. Dabei erfahre ich, dass diese alte, gebrechliche Glaubensschwester täglich, vor allem nachts, wenn sie wegen ihrer Schmerzen nicht schlafen kann, für den Dienst meines Mannes und unsere Familie betet. Ich kann nur staunen und bin zutiefst dankbar. Danach genieße ich eine große Tasse Kaffee, die mir die Pflegerin anbietet. Froh und dankbar verlasse ich das Seniorenheim. Als ich meine MS-Patientin schließlich zu Hause absetze, äußert sie ihre große Freude und Dankbarkeit, dass ich es ihr ermöglicht habe, an Weihnachten ihre Mutter zu sehen.

Ich habe wieder einmal erlebt: »Die Freude, die wir geben, kehrt ins eigne Herz zurück.«

Ob mein Erlebnis wohl ein kleines Stück dessen ist, was Jesus im Matthäusevangelium sagt? Denn seine Worte kommen mir in den Sinn, wenn ich über die vergangenen beiden Tage nachdenke: »Wer sich an sein Leben klammert, der wird es verlieren. Wer aber sein Leben für mich aufgibt, der wird es für immer gewinnen« (Matthäus 10,39).

Ich möchte mich jedenfalls noch viel mehr darin üben.

Elisabeth Malessa ist seit vielen Jahren als Referentin unterwegs – mit Themen mitten aus dem Leben als Ehefrau, Mutter, Freundin und Oma. Sie liebt es, Frauen zu ermutigen, zeigt, wie alltagsnah die Bibel sein kann, und lädt ein, Jesus Christus ganz persönlich kennenzulernen.

Was mir geschenkt ist, will ich teilen

Debora Sommer

Gesegnet, um zu segnen,
getröstet, um zu trösten,
gestärkt, um zu stärken,
geliebt, um zu lieben,
gelehrt, um zu lehren,
geführt, um zu führen,
gesendet, um zu senden,
geheilt, um zu heilen,
geformt, um zu formen,
getragen, um zu tragen,
gehalten, um zu halten.

Was mir geschenkt ist, will ich teilen.
Wie du, Jesus, dich an mich verschenkt hast,
will auch ich mich verschenken
als lebendiges Wunder.

Dr. Debora Sommer ist Theologin, Autorin, Referentin und Menschenbegleiterin.

Kapitel 2

Weihnachten anderswo

Weihnachten wird überall gefeiert, doch die Bräuche und Geschichten sind so vielfältig wie die Kulturen selbst. Wer sich auf die Unterschiedlichkeit einlässt, entdeckt neue Perspektiven auf das Fest – und spürt, wie lebendig, verbindend und überraschend Weihnachten sein kann.

»Geht hinaus in die ganze Welt und verkündet allen Menschen die rettende Botschaft.«
Markus 16,15

Das verschwundene Jesuskind – Advent in Israel

Steffi Baltes

Lesezeit: ca. 7 Minuten

Insgesamt sieben Jahre lang habe ich zusammen mit meinem Mann im Heiligen Land gelebt und gearbeitet. Diese Zeit war ein großes Geschenk und hat mich sehr geprägt. Besonders gern erinnere ich mich an die Weihnachtszeit. Wir lebten in der Altstadt von Jerusalem als Hauseltern in einem kleinen deutschen Pilgerhaus, das zwischen dem muslimisch-arabischen und dem christlich-arabischen Viertel liegt. Von dort aus waren es nur neun Kilometer bis nach Bethlehem, dem Ort der Geburt Jesu und damit dem Grund aller Weihnachtsfeiern.

Ein Jahr ist mir besonders in Erinnerung geblieben. Ich wollte ein bisschen deutsche Weihnachtsatmosphäre kreieren, aber das war mitten in der arabischen

Altstadt von Jerusalem gar nicht so leicht. Ich wünschte mir einen richtig schönen, echten Weihnachtsbaum. Jedes Jahr, ein paar Tage vor Weihnachten, wurde unser Weihnachtsbaum zusammen mit vielen anderen in der Nähe von Jerusalem geschlagen. Wir holten ihn dann bei unserer deutschen Auslandsgemeinde, der Erlöserkirche, ab. Anschließend trugen wir ihn vorsichtig durch die arabischen Basarstraßen des muslimischen Viertels zu unserem Haus. Jedes Mal erregten wir viel Aufsehen. »Happy Christmas!«, riefen unsere muslimischen Nachbarn aus den Geschäften heraus. Die Kinder machten große Augen und fragten sich, was wir denn mit diesem braungrünen Gestrüpp wollten. Unser Weihnachtsbaum war ein etwas windschiefes, dünnes Bäumlein, das vom Wind auf den Höhen Jerusalems ordentlich durchgerüttelt worden war. Dennoch erhielt er seinen Ehrenplatz in unserer Frühstückshalle, wo wir den Heiligen Abend zusammen mit Gästen aus Deutschland und anderen Ländern feierten. Und schön geschmückt sah er eigentlich recht passabel aus. Unsere Gäste freute es jedenfalls, am Heiligen Abend fern von zu Hause ein wenig vertraute Weihnachtsatmosphäre zu genießen.

★

Zu unserem Weihnachtsschmuck gehörte auch eine schöne Krippe. Jedes Jahr bauten wir diese Krippe mit großen Figuren aus Olivenholz auf dem breiten steinernen Fenstersims in unserer Halle auf. Man sah ihr an: Sie hatte schon viel erlebt und war viel geliebt worden. Die Kinder, die über all die Jahre immer wieder Teil der Hausgemeinschaft unseres Pilgerhauses gewesen waren, hatten ihre Spuren hinterlassen. Es war eben eine Krippe mit Geschichte und Charakter. Immer am Abend vor dem ersten Advent baute ich die Krippe auf, damit sie die Gäste gleich am Morgen beim Frühstück begrüßte. Und da ich das Jesuskind von allen Figuren am meisten liebte, kam es immer schon gleich zu Anfang in die Krippe.

Dann war endlich alles fertig: Maria und Josef standen da. Ochs und Esel. Und Schafe ... oh, so viele Schafe! Es schienen immer mehr zu werden im Karton. Und dann die Hirten. Und natürlich die Weisen mit ihren Kamelen. Und ein Engel. Übergroße selbst gesammelte Zapfen der Aleppo-Kiefer symbolisierten den Stall. Alles war bereit. Ich legte mich beruhigt schlafen.

Am nächsten Morgen bewunderten unsere Gäste beim Frühstück unsere bescheidene Krippe. Auch eine nette ältere Dame. Ihr Lob tat mir besonders gut, denn sie gestaltete jedes Jahr eine wunderschöne Krippenlandschaft in unserer deutschen Auslandsgemeinde.

Doch am folgenden Tag stellte ich mit Entsetzen

fest, dass das Jesuskind nicht mehr da war! *Vielleicht ist es heruntergefallen,* überlegte ich. Aber auf dem Boden war es nicht. *Ich hätte es irgendwie an der Krippe befestigen sollen. Es ist so klein. Es kann so leicht verloren gehen!,* schoss es mir durch den Kopf. *Was nun? Eine Krippe ohne Jesus ist doch keine Krippe!*

Ich hatte viel zu tun, und als ich am Nachmittag wieder an der Krippe vorbeiging, war das Jesuskind plötzlich wieder da. Da lag es seelenruhig, während ich schon überlegt hatte, dass wir uns wohl ein neues besorgen müssten.

Schließlich löste sich das Rätsel: Die nette ältere Dame hatte es versteckt. »Warum hast du das getan?«, frage ich sie. Und sie erklärte mir mit einem Augenzwinkern: »Der Advent ist doch eine Zeit der Erwartung! Wir warten auf Jesus wie die Menschen vor zweitausend Jahren. Deshalb sollte das Jesuskind erst am Heiligen Abend in der Krippe liegen. Dann können wir uns richtig freuen.«

★

Noch immer lege ich das Jesuskind – heute in meiner eigenen Olivenholzkrippe in unserer Wohnung in Deutschland – gleich zu Anfang der Adventszeit in die Krippe. Aber mir ist durch dieses Erlebnis auf einer tieferen Ebene etwas deutlich geworden: Seit dem

Tag seiner Geburt ist Jesus für jeden von uns da, jederzeit. Er ist nicht mehr verborgen. Er kann uns auch nicht verloren gehen. Niemand kann uns von Jesus trennen. Aber – wir können ihn auch nicht festhalten oder verniedlichen. Er ist der Christus, der Sohn des lebendigen Gottes. Er ist stark. Er ist souverän. Er ist nicht jederzeit verfügbar, nur weil wir das so wollen. Er schenkt sich uns aus freien Stücken. Und manchmal mutet er uns vielleicht auch zu, ein wenig auf ihn zu warten – auf sein Eingreifen in unserem Leben und in dieser Welt. Doch unsere Geduld lohnt sich: Wenn er in seiner Herrlichkeit und Schönheit erscheint, wird unsere Freude groß sein.

Steffi Baltes ist Pfarrerin. Sechs Jahre lang leitete sie ein Gästehaus in Jerusalem und begleitete mit ihrem Mann christliche Reisegruppen durchs Heilige Land. Heute lebt sie in Marburg und arbeitet im Verlag Francke-Buch sowie im Christus-Treff.

Ein Papagei im Baum – Weihnachten in Nigeria

Nicola Vollkommer

Lesezeit: ca. 5 Minuten

Falls eisige Luft, glitzernder Schnee und romantischer Kerzenschein zur perfekten Weihnachtsstimmung gehören, dann blieben wir als Kinder außen vor. In den Steppen von Nordnigeria, wo meine beiden Schwestern und ich aufgewachsen sind, war Weihnachten der Höhepunkt der dürren Trockenzeit. Die Landschaft zeigte sich von ihrer ödesten Seite, eingehüllt in Farbvarianten zwischen Gelb, Bleichgelb, Dunkelgelb, Tiefgrau und Braun, mit hier und da Spritzern von Braun. Es war die Jahreszeit, in der Staubwolken von der Sahara-Wüste nach Süden wehten und alles mit einer feinen Schicht von noch mehr Gelb und Grau bedeckten. Es war müßig, den Staub abzuwischen – nach wenigen Sekunden war er wieder da.

Unser Familienleben in diesem abgelegenen Teil Afrikas war jedoch alles andere als grau und eintönig. Im Advent trotzten wir der Dürre mit festlicher Stimmung. Schnee kannten wir nur von den Weihnachtskarten, die nach englischem Brauch – mein Vater war Engländer – auf Schnüren über den Fenstern hingen. Dennoch sangen wir »Leise rieselt der Schnee«, obwohl wir nicht wussten, wie Schnee sich anfühlt. Bis ich als Teenager zum ersten Mal eine Schneeflocke auf der Fingerspitze hielt und fasziniert feststellte, dass sie tatsächlich sechs Zacken hat!

Unser Haus war ein Paradies für verwaiste Tiere, die meine Mutter regelmäßig von Märkten rettete. Einmal brachte sie ein ungerittenes Pferd mit, das ein Markthändler als Zugabe zu einem Sattel verkauft hatte. Ein anderes Mal kam sie mit einem Buschpony zurück, das als Polizeipferd untauglich war. Weihnachten gehörten Ausritte mit ihr über die staubige Savanne ebenso dazu wie das Schmücken des Weihnachtsbaums – in unserem Fall meist eine Stechpalme.

Ein unvergessliches Weihnachtsfest bescherte uns Aku, unser Graupapagei. Aku war alt, zerrupft und extrem talentiert im Schimpfen und Kreischen. Während wir eines Jahres den Baum mit Lametta und Kugeln schmückten, entschied er sich plötzlich loszufliegen, und landete mitten im Baum. Zweige raschelten, Kugeln fielen und Lametta flog. Als der Papagei schließlich völlig mit Lametta behängt aus den Ästen kroch, konnten wir vor Lachen kaum noch atmen.

Eine weniger komische Erinnerung betraf George, den Truthahn. George war anders – zutraulich und irgendwie besonders. Wir hatten vergessen, unseren Eltern rechtzeitig zu sagen, dass er nicht gegessen werden sollte. Als er am ersten Weihnachtstag gebraten auf dem Tisch stand, hatte keine von uns Appetit. Danach gab es nur noch Hühner vom Markt – bereits geschlachtet, bevor wir sie lieb gewinnen konnten.

Vielleicht das Schönste an Weihnachten in Afrika war die Abwesenheit von Medien. Wir hatten ein Telefon, das nur einmal in zwanzig Jahren klingelte – versehentlich. Statt Fernsehen und Radio erfanden wir unsere eigene Unterhaltung: Theaterstücke, Weihnachtslieder-Wettbewerbe, Verkleidungsspiele. Zwei zerkratzte Schallplatten begleiteten uns Jahr für Jahr: eine mit Marschliedern der Heilsarmee, die andere mit Weihnachtsliedern vom Wiener Knabenchor. Bei »O Tannenbaum« blieb die Nadel immer hängen. Eine von uns sprang dann auf, um sie anzustupsen.

Geschenke waren bescheiden: Seife, Socken, ein Malbuch. Doch das wahre Geschenk war die Stimme meines Vaters, der die Weihnachtsgeschichte aus dem Lukasevangelium vorlas. Diese Stimme fehlt mir heute schmerzlich. Die meisten unserer geliebten Protagonisten jener glücklichen Kindheit sind weitergezogen – die Tiere, die Großeltern, mein Vater. Doch der eigentliche Protagonist der Weihnachtsgeschichte bleibt: das Licht, das in die Dunkelheit kam und die Botschaft von Gnade und Erlösung brachte.

Und wenn die vertrauten Melodien erklingen und der Schmerz von Verlust sich meldet, erinnere ich mich daran: Weihnachten ist ein Fingerzeig nach oben. Es erinnert uns daran, dass wir hier keine bleibende Stadt haben, sondern die zukünftige suchen – eine Heimat, die bleibt.

Nicola Vollkommer ist Autorin, Referentin, Podcasterin (»Start in den Tag«), vierfache Mutter und Oma von zwölf Enkeln. Sie lebt in Reutlingen, wo sie sich mit Herzblut in ihrer Gemeinde engagiert, und liebt es, Menschen durch ihre Worte zum Nachdenken, Lachen und Glauben zu inspirieren.

Was ein Baby mich über Gottes Liebe lehrte – Heiligabend in Kolumbien

Lynn Austin

Lesezeit: ca. 5 Minuten

Eines meiner denkwürdigsten Weihnachtsfeste war das Jahr, in dem unser ältester Sohn, Joshua, geboren wurde. Zu dieser Zeit lebten wir in Bogotá, Kolumbien, wo mein Mann im Nationalen Symphonieorchester Trompete spielte. Es waren Jahre voller Herausforderungen und neuer Erfahrungen, in denen wir eine neue Sprache lernten, unbekannte Bräuche entdeckten und uns in eine fremde Kultur einlebten – weit weg von unserer vertrauten Heimat.

Zwanzig Tage nach Joshuas Geburt war es Heiligabend. Statt von Familie und Freunden umgeben zu sein, waren wir allein – mit einem winzigen Sohn, der kaum sechs Pfund wog. Und doch sollte dieses schlichte Weihnachtsfest für immer in meinem Herzen bleiben.

Weihnachten in Bogotá hat seinen ganz eigenen Klang. Der Himmel wird von zischendem Feuerwerk erleuchtet. Die Straßen vibrieren von Explosionen, während kleine Fallschirme, sogenannte Globos, an brennenden Kanistern befestigt, in den Himmel steigen. Es ist ein Anblick voller Glanz und Gefahr, denn wenn der Treibstoff ausgeht, stürzen die heißen Dosen unkontrolliert zu Boden. Doch all das schien weit weg, während ich Joshua in meinen Armen hielt.

Ich sah auf mein Baby hinab, so klein und hilflos, und dachte an das Jesuskind in der Krippe. Der Sohn Gottes – Schöpfer des Universums – kam als verletzliches Kind in die Welt. In diesem Moment spürte ich eine Liebe zu meinem Sohn, die tiefer ging als alles, was ich je gekannt hatte. Und auf einmal bekam ich eine Ahnung von Gottes unergründlicher Liebe zu mir. Ich wusste, dass ich meinen Sohn mit aller Kraft, die ich besaß, beschützen würde. Doch Gottes Liebe zu mir war so groß, dass er seinen Sohn für mich gegeben hat. Für mich!

Wir hatten in jenem Jahr keinen Weihnachtsbaum, keine Lichterketten, keine Plätzchen. Keine Geschenke, keine Lieder, keine großen Familientreffen. Und dennoch war genau diese schlichte, unspektakuläre

Atmosphäre eine besondere Lektion für mich. In der Einfachheit dieses Festes fand ich die wahre Bedeutung von Weihnachten: die Geburt eines Kindes, das kam, um die Welt zu retten. Gott selbst wurde Mensch – verletzlich und klein –, um uns seine Liebe zu offenbaren.

Ich stellte mir Maria vor, wie sie das neugeborene Jesuskind ansah. Die lange Reise nach Bethlehem, die anstrengende Suche nach einer Unterkunft, die Einsamkeit fernab von zu Hause. Und dann die Geburt ihres ersten Sohnes – mitten im Lärm und Trubel der Volkszählung und doch in der Stille eines einfachen Stalls. »Maria aber behielt alle diese Worte und bewegte sie in ihrem Herzen« (Lukas 2,19; LUT). Vor meinem inneren Auge sah ich, wie sie die Hirten beobachtete, die voller Staunen und Freude das Baby anschauten, und wie sie in all dem Trubel versuchte, die Bedeutung dieser heiligen Nacht zu begreifen.

Jedes Jahr an Weihnachten bete ich darum, dass ich all den Trubel, den Stress und die Hektik für ein paar Augenblicke loslassen kann. Dass ich innehalte und mich daran erinnere, wie es sich anfühlte, ein hilfloses Kind in meinen Armen zu halten. Ein Kind, das ich mit allem, was ich bin, liebte. Denn in diesen stillen Momenten, wenn das Herz zur Ruhe kommt, wird die wahre Botschaft von Weihnachten lebendig: Gottes Liebe – sichtbar in einem Kind. Ein Kind, das kam, um uns zu retten.

Lynn Austin ist eine international bekannte Bestseller-autorin. Sie hat weltweit mehr als anderthalb Millionen Exemplare ihrer Bücher verkauft und wurde für ihre historischen Romane achtmal mit dem Christy Award ausgezeichnet. Lynn ist verheiratet, hat drei erwachsene Kinder und lebt in Holland, Michigan.

Ein Kind, von Menschen geboren; ein Sohn, von Gott gegeben. Das ist das Geheimnis der Erlösung der Welt.

Dietrich Bonhoeffer

Kapitel 3

Wenn Weihnachten leiser leuchtet

Manche Weihnachten sind leiser als andere – durchzogen von Trauer, Unsicherheit oder Abschied. Und doch kann gerade auch in schwierigen Zeiten ein Licht aufscheinen, das wärmt, tröstet und neue Hoffnung schenkt.

»Der Herr ist denen nahe, die verzweifelt sind, und rettet diejenigen, die alle Hoffnung verloren haben.«
Psalm 34,19

Heiliger Moment im Krankenhaus

Louisa Vogel

Lesezeit: ca. 14 Minuten

Weihnachten 2017. Genau in dem Moment, als der Duft nach Bratwurst und Sauerkraut einen perfekten Heiligabend ankündigte, bekam mein Weihnachten Risse.

Schuld war dieser eine Satz, den Papa murmelte, wobei er sich – weiß wie die Wohnzimmerwand – vom Sofa hochquälte: »Ich glaube, wenn wir jetzt nicht ins Krankenhaus fahren, sterbe ich.«

Papa beklagte sich nie. Er arbeitete seit mehr als vierzig Jahren als Maurer und kam ständig mit einer Kopfverletzung oder einem blauen Fingernagel nach Hause. »Ach, das ist nichts weiter«, sagte er dann immer. Aber diesmal war es anders. Schon seit Tagen lief er gebeugter als sonst, sein Lächeln wirkte angestrengt und seine Mittagspausen fielen länger aus.

Am Morgen, im Gottesdienst zum vierten Advent, hatte meine Mama Dr. Wagner kurz zur Seite genommen und ihn nach seinem ärztlichen Rat gefragt. Er arbeitete als Chirurg am Klinikum im Nachbarort. Ich hatte ihn davor so gut wie nie in unserem Gottesdienst gesehen und meine Eltern sagten später, dass er ihn danach auch nie wieder besucht habe.

»Am Dienstag bin ich wieder im Krankenhaus. Wenn die Schmerzen bis dahin nicht abgeklungen sind, dann kommt zu mir!«, war Dr. Wagners Angebot.

Am Nachmittag rief Mama eine befreundete Ärztin an. Sie kam vorbei und ließ Papa ein hoch dosiertes Schmerzmittel da.

Die ärztliche Versorgung hatte mich beruhigt und ich hatte den Krisenmodus wieder verlassen. Ein paar von diesen Wunderpillen, so hatte ich gedacht, und dann würde Weihnachten sein: Wir würden uns Mamas fabelhafte Bratwürste schmecken lassen und ihr bei jedem Versuch, einen Fehler daran zu finden, vehement widersprechen. Mein fünfjähriger Neffe würde wie ein Flummi um die Geschenke unterm Weihnachtsbaum herumspringen und wenn die Zwerge der Familie im Bett wären, würde sich diese einzigartige heilige Stimmung ausbreiten, während Papa die Weihnachtsgeschichte lesen und wir Weihnachtslieder zur Ehre unseres Erlösers singen würden.

Aber das Schmerzmittel wirkte nicht.

Mein sonst immer starker Papa schleppte sich aus dem Zimmer und ich sehe ihn noch vor mir, wie er mit geschlossenen Augen an der Wand lehnt, während Mama ihm die Schuhe zubindet, und wie er sich anschließend Stufe für Stufe hinunter in Richtung Haustür quält.

Zurück blieben wir fünf Schwestern mit unseren Familien sowie lauwarme Bratwürste und ein Berg an Geschenken, der mit einem Mal genauso wenig Anziehungskraft wie ein Haufen Asche ausübte.

Mein Mann Jonathan, der sein erstes Weihnachten in unserer Familie verbrachte, nahm mich fest in den Arm. »Es wird alles gut werden. Im Krankenhaus werden sie ihm helfen.« Er sagte es im Brustton der Überzeugung, aber mir gelang es nur mit Mühe, überhaupt etwas hinunterzuwürgen, geschweige denn, mich mit meinem Neffen über sein neues Spielzeug zu freuen.

★

Ich war verwirrt. Was blieb von einem Weihnachtsfest übrig, wenn darin plötzlich Risse klafften und Stücke herausbrachen? Wie sollte ich es feiern? Sollte ich überhaupt feiern?

Meine beiden jüngeren Schwestern waren genauso planlos wie ich. Während die älteren ihre Kinder ins Bett brachten, räumten wir die Überreste des Festessens fort und zogen uns dann in die Sofaecke zurück. Keine Lieder, keine heilige Atmosphäre. Nur ernste Gespräche und Tränen. Ein Gefühl von Ohnmacht beherrschte den Raum. Das Einzige, was sich an diesem Heiligabend handfest anfühlte, waren unsere Gebete für Papa.

Wir überlegten schon, ob wir nicht einfach alle schlafen gehen sollten, als Mama zurückkam. Sie war blass und ihre Miene verkrampft. »Die Ärzte wissen auch nicht, wo das Problem liegt«, sagte sie. »Er bekommt eine Infusion gegen die Schmerzen und morgen untersuchen sie ihn dann genauer.«

Ich glaube, sie hat in dieser Nacht kein Auge zugetan.

Weihnachten riss weiter auf, bröselte förmlich auseinander. Daran konnte auch eine lustlos nachgeholte Bescherung am nächsten Morgen nichts ändern.

★

Am Nachmittag des 25. Dezember erfuhren wir schließlich die Diagnose: Lungenentzündung. Therapie: eine Menge Schmerzmittel sowie Antibiotikum und viel Geduld.

Lungenentzündung? Das klang für mich und meine Schwestern nicht nach einer schlüssigen Erklärung für Papas mörderische Schmerzen. Wie Messerstiche, hatte er gesagt. Wir konnten nichts tun als hoffen und beten. Frieden verspürten wir keinen. Es zog gewaltig durch die Risse in unserem Weihnachtsfest.

Der erste und der zweite Weihnachtsfeiertag vergingen wie in Zeitlupe und Papa fühlte sich genauso elend und schmerzgeplagt wie zuvor.

Am 27. Dezember beschlossen die Ärzte, Papa auf eine andere Station zu verlegen, eine, auf der er als Patient mit Lungenentzündung besser aufgehoben wäre.

Mama war dabei, als Dr. Wagner nach einer Frühschicht in der Notaufnahme auf einen Höflichkeitsbesuch in Papas Zimmer vorbeikam. Er wollte ihm lediglich alles Gute wünschen und sich, wie ich später erfuhr, in seinen Skiurlaub verabschieden. Doch nach einem kurzen Blick auf den Patienten packte ihn die gleiche Unruhe wie uns. »Da muss unbedingt ein MRT gemacht werden«, sagte er energisch. »Wir müssen alles andere ausschließen.« Er wandte sich mit seinen Bedenken sofort an den diensthabenden Arzt, aber der sah keinerlei Veranlassung für weitere Tests. Die Untersuchungsergebnisse wären doch eindeutig, meinte er. Zwischen den Ärzten entwickelte sich ein ganz und gar unweihnachtliches Streitgespräch, von dem meine Eltern im Krankenzimmer nur Fetzen auffingen und aus dem Dr. Wagner offensichtlich als Sieger hervorging.

Die Auswertung der Untersuchung glich einem Dammbruch. Sie enthüllte einen faustgroßen Entzündungsherd an der Brustwirbelsäule. Papa stand kurz vor einer Sepsis. In Windeseile bereitete Dr. Wagner die Papiere zum Transport in eine Spezialklinik vor. Papas einzige Überlebenschance lag in einer Notoperation, die kompliziert und heikel werden würde.

Die Nachricht traf mich wie ein Donnerschlag, sodass mir auch noch der letzte Rest Weihnachten entglitt und nur ein Trümmerhaufen übrig blieb. Ja, ich hatte befürchtet, dass mehr hinter der angeblichen Lungenentzündung steckte, und doch hatte mein Hirn jeglichen Gedanken an eine lebensbedrohliche Krankheit verweigert.

Wir ließen alles stehen und liegen und fuhren ins Krankenhaus – die ganze Familie. Nichts anderes war mehr wichtig. Wir mussten in Papas Nähe sein, auch wenn wir ihn nur ganz kurz sehen und verabschieden konnten.

»Ich bin in Gottes Hand«, höre ich ihn noch krächzen. »Er macht es gut.«

Es fühlte sich kein bisschen gut an.

Ich weiß nicht mehr, wer von uns die Idee hatte, im Aufenthaltsraum ganz in der Nähe von Papas Zimmer zu bleiben und gemeinsam für ihn zu beten, aber bei mir traf dieser Vorschlag genau ins Schwarze. Ich wollte nicht reden, ich wollte nicht nach Hause fahren, ich wollte Papa helfen. Also musste ich beten.

★

Wir falteten die Hände und entfachten einen wahren Gebetssturm. Ein von Herzen kommendes Flehen reihte sich an das andere. Ich klammerte mich an Gott und während die anderen beteten, schrie ich in meinem Inneren: *Wo bist du, Herr? Zeig dich! Papa braucht dich. Lass ihn nicht allein!*

Je länger wir so zusammensaßen, desto mehr verschwammen Ort und Zeit für mich. Darum fielen mir das Quietschen der Tür und die geschäftigen Geräusche von draußen, die bei ihrem Aufschwingen eindrangen, wie ein Misston in einer Tonleiter auf. Ich sah Dr. Wagner hereinkommen, geschäftsmäßig, mit Papieren in der Hand. Als er allerdings unsere gefalteten Hände und gesenkten Köpfe sah, hielt er inne und ich beobachtete, wie er vorsichtig wieder rückwärts aus dem Zimmer schlich und die Tür schloss. So als sei ihm bewusst, dass dies ein heiliger Moment war.

Ein heiliger Moment: Hirten, die nichts mehr vom Leben erwarteten und die nichts mehr erschüttern konnte, auf Knien vor dem Kind in der Krippe. Maria, die gerade eine schmerzhafte Geburt überstanden hat und lacht und weint, während sie den winzigen Jesus bestaunt. Engel, die »Ehre sei Gott in der Höhe und Frieden auf Erden und den Menschen ein Wohlgefallen« singen, obwohl nur ein winziger Prozentsatz der Weltbevölkerung registriert hat, dass Gott höchstpersönlich sie gerade besucht.

Ein heiliger Moment.

So wie sich ein Grashalm durch einen Riss im Asphalt in Richtung Licht drängt, so bahnte sich mitten in meinem Gefühlschaos ein neuer Gedanke seinen Weg: Selbst das allererste Weihnachten war nicht perfekt gewesen. Das Licht der Ewigkeit, umgeben von Stroh, Schmerzen und Dunkelheit. Ein Licht, das nicht versuchte, Leid und Schwäche mit einem frommen Schein zu überblenden, sondern das wie ein Leuchtfeuer den Blick auf Gottes einzigartige Liebe lenkte.

Während wir in dem schlichten Aufenthaltsraum eines Krankenhauses für Papa beteten, knieten wir in Wahrheit in vorderster Reihe an der Krippe. Knieten mit Angst und Sorge im Herzen, aber auch mit der Gewissheit, dass unser Retter nicht irgendwo über den Wolken schwebte, sondern bei uns war, im Krankenhaus, als Teil unserer flehenden Runde. Dasselbe Licht, das damals aus der Krippe heraus Hoffnung für eine verlorene Welt verbreitet hatte, leuchtete auch hier. Für uns.

Als diese Erkenntnis vom Kopf in mein Herz gesickert war, durchströmte mich der Friede, den ich während der Festtage so schmerzlich vermisst hatte. Nicht ein heimeliger, nach Räucherkerzen duftender Scheinfriede, sondern ein echter, tiefer Friede. Gott hielt uns hier und jetzt wirklich in seinen Händen, so wie Papa es gesagt hatte, uns und jede einzelne Scherbe unserer zerbrochenen Sicherheit.

Zwar sah ich keinen Stern über dem Krankenhaus leuchten, aber der leuchtend weiße Kittel von Dr. Wagner wurde für mich zum Zeichen der sorgenden Gegenwart Gottes. Denn dass Dr. Wagner genau zur richtigen Zeit am richtigen Ort war, ist für mich kein Zufall, sondern ein Wunder.

★

Heute erzählt Papa, dass er in der Nacht vor der Operation kaum geschlafen habe. »Plötzlich war alles andere unbedeutend«, sagt er. »Mein Leben hing an einem hauchdünnen Faden und ich wusste, es kann passieren, dass ich nicht mehr aufwache.«

Aber Gott machte ihm und uns ein verspätetes Weihnachtsgeschenk: Papa durfte wieder aufwachen und heute zeugt nur noch eine große Operationsnarbe an seinem Rücken von dem Weihnachten, das im Grunde mehr Weihnachten war als viele andere davor.

Louisa Vogel studierte Grundschullehramt und Prosaschreiben und lebt heute mit ihrem Mann und ihrem Sohn in Dresden, ihrer erklärten Lieblingsstadt. Ihre Reiselust verschlägt sie in ihrer Freizeit in immer neue Ecken Deutschlands. Die Menschen, denen sie dabei begegnet, inspirieren sie zu Songs und Geschichten, in denen auch ihr Glaube an Gott immer eine tragende Rolle spielt.

Denn das Volk, das in der Dunkelheit lebt, sieht ein helles Licht. Und über den Menschen in einem vom Tode überschatteten Land strahlt ein heller Schein.

Jesaja 9,1 (NLB)

Thank God, it's Christmas – wenn Gott im Chaos ankommt

Dina Schmidt

Lesezeit: ca. 5 Minuten

Der Heilige Abend kam in diesem Jahr nicht in Glanz und Harmonie – sondern im Chaos und inmitten von Fieber und Ungewissheit. Es begann damit, dass sich unser zwanzigjähriger Sohn Samuel, nachdem er den Weihnachtsbaum geholt hatte, ins Bett legte und am frühen Nachmittag mit hohem Fieber erwachte. Das Fieber wollte trotz Tabletten nicht sinken, und als es um 16 Uhr immer noch bei 39,5 Grad lag, beschloss ich, ins Krankenhaus zu fahren. Unser Plan, um 17 Uhr zum Heiligabendgottesdienst zu gehen, musste abgeändert werden.

Während ich mit Samuel ins Krankenhaus fuhr, machte sich mein Mann auf den Weg, um seine Mutter abzuholen. Sie wollte ebenfalls mit zum Gottesdienst kommen. Doch seine Mutter war zunehmend dement und wusste nicht, dass Heiligabend war oder wann sie abgeholt werden sollte. Es dauerte eine Weile, bis mein Mann sie angezogen hatte und sie abfahrbereit war. Dadurch konnte auch er mit seiner Mutter nicht in den Gottesdienst gehen.

Unser großer Sohn Jonas wollte später zu uns zu Besuch kommen, da er Corona-positiv war. Wir hatten vereinbart, dass er erst dann zu uns stoßen würde, wenn meine Schwiegermutter bereits wieder zu Hause wäre, um ein Ansteckungsrisiko zu vermeiden.

Die Zeit verging, und nichts lief nach Plan. Irgendwann kam ich mit Samuel aus der Notaufnahme zurück. Das Fieber war immer noch hoch, aber er hatte neue Medikamente erhalten. Mein Mann war inzwischen auch zu Hause – mit seiner Mutter. Gemeinsam begannen wir, das Essen vorzubereiten. Es sollte Ente geben – ihr Lieblingsgericht. Schließlich saßen wir zu dritt am Tisch. Sie saß ruhig da, aß ihre Ente und schien den Moment in ihrer eigenen Welt zu genießen.

Da es so spät geworden war, traf Jonas bei uns ein, als seine Oma noch da war. Das Essen war gerade fertig und ich bat ihn in ein Nebenzimmer, damit er sie nicht ansteckte.

Zwischen den Zimmern hin und her eilend, brachte ich Jonas sein Essen ins Nachbarzimmer, schaute nach

Samuel, ob sich sein Zustand verbessert hatte, und setzte mich dann wieder zu meinem Mann und meiner Schwiegermutter an den Tisch. Es war ein ständiges Pendeln zwischen Fürsorge und Bemühen, ein wenig Normalität in diesen chaotischen Abend zu bringen.

Irgendwann holte mein Mann eine Flasche Wein hervor und machte Musik an. Da bis dahin wenig Weihnachtsatmosphäre entstanden war, entschied er sich für die Weihnachtsplaylist eines Streamingdienstes. Meine Schwiegermutter verbrachte aufgrund ihrer Demenz besonders lange mit ihrem Lieblingsessen. Mein Mann und ich waren schon längst mit dem Essen fertig. Wir genossen, wie sehr sie sich über die Ente freute, während ich immer wieder zwischen den Kindern hin und her pendelte. Als ich wieder einmal zurück an den Tisch kehrte und versuchte, zur Ruhe zu kommen, erklang plötzlich Freddie Mercurys Stimme aus dem Lautsprecher: »Thank God, it's Christmas.« Mitten im Chaos war es dieser Satz, der mich innehalten ließ. Es war, als ob dieser Moment mich plötzlich daran erinnerte, was Weihnachten wirklich bedeutet: Dankbarkeit für das Geschenk des Lebens und die Nähe Gottes – auch inmitten von Krankheit, Chaos und Unplanbarkeit.

Später schauten wir noch den Livestream des Gottesdienstes. Doch das Wichtigste war bereits geschehen: Inmitten des Durcheinanders war Weihnachten angekommen – nicht durch perfekte Abläufe oder festliche Dekoration, sondern durch diesen einen Satz, der mich mitten ins Herz traf. Danke, Gott, dass du in unser Chaos gekommen bist!

Manchmal erscheint Weihnachten nicht in der erwarteten Form. Aber es kommt dennoch – durch einen Liedvers, einen Moment der Ruhe oder das einfache Bewusstsein, dass Gott mitten im Durcheinander bei uns ist.

Dina Schmidt ist Geschäftsführerin bei der NABU-Stiftung Hessisches Naturerbe und verbindet berufliches Engagement für die Natur mit persönlichem Einsatz in ihrer Gemeinde. Beim Joggen und Schwimmen findet sie Ausgleich, während sie gemeinsam mit ihrem Mann Paare in der Ehearbeit begleitet.

Das Fest der ungewollten Geschenke

Saskia Barthelmeß

Lesezeit: ca. 10 Minuten

Konnte das wirklich sein? Im Ernst, Gott?

Angefangen hatte es bei unserem Sohn, der eine Woche vor Weihnachten krank von der Arbeit nach Hause kam. Danach erwischte es uns wie die Dominosteine – einer nach dem anderen fiel krank ins Bett, bis wir alle vier schwach und leidend herumlagen. Und das so kurz vor dem Heiligen Abend ... Ich merkte, wie trotzige Hoffnung – *Das wird sicher bis dahin besser sein!* – mit frustriertem Realismus – *Das kann ja wohl nicht wahr sein!* – kämpfte. Wenn wir alle in diesem fiebrigen Zustand bleiben würden, könnten unsere älteste Tochter und meine Mama nicht zu uns kommen, ohne sich auch noch anzustecken. Aber Weihnachten ohne einander? Ohne die gewohnten Traditionen? Ich fühlte mich sehr alleingelassen und hilflos.

In einem stillen Moment musste ich plötzlich an eine Situation vor einigen Wochen denken. Wir waren in den Bergen gewesen, um uns herum nur graue Wirklichkeit und Nebel. Und dann, auf einmal, riss die Nebelwand auf und darüber waren sonnenüberflutete, schneebedeckte Bergspitzen zu sehen. Was für ein majestätischer Anblick! Es war, als ob Gott mir zuflüstern würde: »Diese Realität war vorher auch schon da, du konntest sie nur nicht wahrnehmen.« War es jetzt nicht genau dasselbe? War da nicht – nur getrennt durch eine Nebelwand, einen dünnen Vorhang – eine andere Wahrheit, eine göttliche Realität? Auf einmal war etwas wie ein Funken Hoffnung in mir. Auch wenn dieses Fest ganz anders werden würde als gedacht, würde es trotzdem gut werden. Diese Gewissheit brachte ein wenig Ruhe in mein aufgewühltes Herz.

Später las ich in einem Adventsandachtsbuch von Ann Voskamp die folgenden Worte: »Wir werden nicht vor Herausforderungen bewahrt, aber wir werden immer vor Herausforderungen bewahrt, die keine Geschenke mit sich bringen.« *Geschenke?! Was bitte sollten das für Geschenke sein?* Ich hielt Gott vor, dass ich diese Geschenke nicht wollte, danke auch! Was ich wollte, war ein schönes, fröhliches, gemeinsames Weihnachtsfest.

★

Vielleicht war meine Sehnsucht nach einem unbeschwerten Weihnachtsfest besonders groß, weil die letzten Weihnachtsfeste so schrecklich verlaufen waren. Durch eine psychische Krankheit waren wir als Familie mehrere Jahre hintereinander im Ausnahmezustand gewesen. Einen Heiligabend ohne Tränen, Schweigen, harte Worte und viel Verzweiflung hatte es länger nicht mehr gegeben. Ich war hungrig nach einem Lichtstrahl in der Dunkelheit, durstig nach Freude und Frieden. Und dann wurden wir in diesem Jahr alle krank? Alles, was ich wollte, war doch, die Geburt von Gottes Sohn zu feiern, zusammen als Familie, mit ein bisschen Glitzer und Glimmer. War das denn zu viel verlangt?

Mehrere Tage lang war ich voller Selbstmitleid und Enttäuschung. Die Traurigkeit der Kinder zu erleben, machte es noch schwerer. Warum konnte Gott nicht einfach unsere Gebete um schnelle Heilung beantworten? Es fiel mir schwer, eine befriedigende Antwort darauf zu finden. Wo waren die Geschenke mitten in der Herausforderung? Ich konnte keine entdecken.

Dann bemerkte ich, dass wir nicht die Einzigen waren, die in diesem Jahr kein perfektes Weihnachtsfest hatten. Es gab viele Menschen, die schwer krank, einsam, traurig oder perspektivlos waren. Immer wieder erinnerten wir uns gegenseitig daran, dass auch das allererste Weihnachtsfest nicht ohne Herausforderungen verlaufen war. Maria und Josef hatten keine sichere, gemütliche Unterkunft gehabt. Noch nicht einmal ein Babybettchen für ihren neugeborenen Sohn. Und dann die schmutzigen, stinkenden ersten Besucher, die die kleine Familie beehrten. Doch in all dieser unharmonischen und unfestlichen Lage war es dennoch Weihnachten geworden. Denn das Eigentliche, das göttliche Kind, war auf die Welt gekommen. Die Botschaft der großen Liebe Gottes leuchtete auf. Immanuel – Gott mitten unter uns. Mitten im Schmutz, im Dreck, in der Sünde und der Schuld.

★

Das perfekte Geschenk in unperfekten Herausforderungen – konnte es so nicht auch bei uns sein? Vollkommene Liebe in Krankheitszeiten und inmitten von durchkreuzten Plänen. Der Blick auf diese andere Realität half mir, nach vielem Ringen und manchen Tränen, Ja zu sagen zu diesem anderen Fest. Mein Herz war voller Anteilnahme für die Menschen in meinem Umfeld, die es nicht leicht hatten, und viele Gebete stiegen in diesen Tagen in den Himmel. Wieder neu wurde mir bewusst, dass Weihnachten nichts mit meiner Vorstellung von einem harmonischen Familienfest zu tun hatte. Auch nicht damit, ob unsere Wohnung dekoriert und schön hergerichtet war oder – wie in diesem Jahr – gerade mal der Baum stand und notdürftig geschmückt war. Konnte es sein, dass sich in mir Stunde um Stunde, Tag für Tag langsam der Nebel des Frusts lichtete und die sonnigen Bergspitzen der wahren Weihnacht in mein Blickfeld rückten?

★

Dann war er da, der Heilige Abend. Die Kerzen brannten, wir hatten ein gutes Essen genossen und schalteten uns am Computer mit unserer Tochter und meiner Mutter zusammen, um gemeinsam zu musizieren. Noch heute sagt meine Mama, dass sie noch nie so viel gelacht habe wie an diesem Weihnachtsabend. Denn durch die technische Verzögerung waren Ton und Bild nicht immer identisch und führten zu manchen lustigen Momenten. Wir hatten uns entschieden, das Beste aus der Situation zu machen, und, was soll ich sagen, auch dieser Abend ging vorüber. Nein, es war nicht das schönste Fest meines Lebens, aber bei Weitem auch nicht das schlimmste. Denn eines ist mir neu klar geworden: Es sind nicht die äußeren Umstände, die einen Tag zu einem Festtag machen, sondern meine innere Bereitschaft, den Blick auf die Geschenke zu richten. Ich bin neu dankbar geworden für unseren

Zusammenhalt in der Familie, für mein sicheres und gemütliches Zuhause, für Freunde, die gebetet und uns unterstützt haben. Diese Geschenke sind so viel wertvoller als alles, was in diesem Jahr unter unserem Baum lag.

Aber damit nicht genug. Wichtiger noch, als den Blick auf *die* Geschenke zu richten, ist es für mich geworden, den Blick auf *das* Geschenk zu richten. Egal, ob ich den Heiligen Abend im warmen Wohnzimmer und mit lieben Menschen feiere, in einem kahlen Raum in der Psychiatrie mit künstlichem Tannenbaum oder allein in einem dunklen Zimmer, während alle anderen Fenster erleuchtet sind – das größte Geschenk kann mir niemand nehmen. Es ist nicht abhängig von meinen äußeren Bedingungen und noch nicht einmal von meinem inneren Herzenszustand. Jesus kommt in diese Welt, die kaputt ist und dunkel und kalt. Er kommt zu Menschen, die ihn nicht wollen und ablehnen. Aber er kommt trotzdem. Er liebt trotzdem. Er rettet trotzdem. Auch mich immer wieder – aus Egoismus, Selbstmitleid und Kontrollsucht. Das Geschenk, er selbst, ist schon da. Ich muss es nur noch annehmen und mich durch es verändern lassen. Dann wird nicht nur mein eigenes Herz heil und froh, sondern ich werde frei, auch die anderen um mich herum zu sehen. Und ist das nicht die wahre Botschaft von Weihnachten?

Weihnachten. Gott mit mir. Mit dir. Mit uns. Halleluja!

Saskia Barthelmeß lebt mit ihrer Familie und ihrer Katze Millie in Innsbruck. Als Kolumnistin der Zeitschrift »Lydia« schreibt sie über das Auf und Ab ihres Alltags und arbeitet ehrenamtlich in der »Kirche im Kino« mit. In ihrer Freizeit entspannt sie gerne bei Spaziergängen im Wald und mit guten Büchern.

Das ist das Wunder der Heiligen Nacht, dass in die Dunkelheit der Erde die helle Sonne scheint.

Friedrich von Bodelschwingh

Zwischen Klaviertasten und Tränen

Melissa C. Feurer

Lesezeit: ca. 8 Minuten

Ich saß am Klavier, die Hände auf den Tasten erstarrt, und konnte nicht weiterspielen. Die Noten vor meinen Augen verschwammen. So ein blödes Lied. So ein blöder Text. *Wisst ihr noch vom vor'gen Jahr, wie's am Heil'gen Abend war?*

Oh ja, dachte ich bitter. Ich wusste noch genau, wie es letztes Jahr am Heiligen Abend gewesen war. Und das Jahr davor und an jedem Heiligen Abend, solange ich zurückdenken konnte: Wir hatten als Familie gefeiert. Als Großfamilie mit mittlerweile rund zwanzig Personen, mit meiner Mama, meinen drei Geschwistern und deren Familien. So wie wir es immer taten.

Unser Weihnachten war bunt, laut und chaotisch.

Die Geschenke für die wachsende Zahl an Kindern passten längst nicht mehr unter den Baum. Wir besuchten den Familiengottesdienst, aßen miteinander und nahmen uns alljährlich vor, die Bescherung schön geordnet nacheinander stattfinden zu lassen. Eine Mission, an der wir ebenso alljährlich scheiterten. Dann saßen wir noch bis spät in die Nacht zusammen, redeten und spielten Brettspiele.

Ich liebte es. Alles daran und überhaupt alles, was mit Weihnachten zu tun hatte. Kitschige Deko, *Last Christmas* im Radio, Adventskalender befüllen, schon im November Geschenke besorgen, den Christbaum viel zu früh aufstellen und Weihnachtskarten schreiben. Ich hatte auch ganz und gar kein Problem damit, dass mein Mann ganzjährig amerikanische Weihnachtskekse buk. Am allermeisten liebte ich an Weihnachten aber schon immer das, was manch anderer fürchtet: Familienfeiern. Die Art Familienfeier, wie sie in diesem Jahr nicht möglich war.

★

Ich nahm die Hände von den Klaviertasten und starrte durch den Tränenschleier auf den geschmückten Christbaum neben mir. Alles sah nach Weihnachten aus. Es roch nach Weihnachten, es klang nach Weihnachten. Aber es fühlte sich kein bisschen so an. Was für ein frustrierendes Ende für ein Jahr, das schon genug Ausnahmezustand mit sich gebracht hatte. Geschlossene Schulen, Kinos, Restaurants und Geschäfte. Dafür überfüllte Krankenhäuser, Ausgangssperren und Kontaktbeschränkungen. Auch zu Weihnachten. Undenkbar, mitten in der Coronapandemie mit zwanzig Personen um den Weihnachtsbaum zu sitzen. Das hatte sich schon den Advent über abgezeichnet, doch so richtig realisierte ich es erst jetzt, da die Feiertage unmittelbar bevorstanden. Dieses Jahr würde es keine Familienfeier geben und damit gefühlt auch kein Weihnachten.

Ich schreckte auf, als meine dreijährige Tochter neben mit auftauchte. Sie war verwirrt, weil ich aufgehört hatte zu spielen und stattdessen Rotz und Wasser heulend am Klavier saß. Sofort fühlte ich mich furchtbar armselig. Was versank ich hier im Selbstmitleid? Sollte ich nicht dankbar sein? Ich würde Weihnachten immerhin nicht allein verbringen, sondern mit meinem Mann und unseren beiden Kindern. Das machen viele Familien jedes Jahr so. Heiligabend im engsten Kreis, ganz gemütlich. Aber wir hatten es bisher eben nicht so gemacht. Wir feierten drei Tage lang im Wechsel mit unseren beiden Großfamilien, von Heiligabend bis zum zweiten Feiertag, an dem meine Mama traditionell zum großen Truthahnessen einlud. Aber nicht 2020. Nicht in diesem Jahr.

Ich atmete tief durch und versuchte, mich zusammenzureißen. Es ist nur ein einziges Weihnachten, sagte ich mir. Nur dieses eine Mal. Wie gut, dass ich zu dem Zeitpunkt noch nicht wusste, dass uns ein weiteres Pandemie-Weihnachten bevorstand, dass sich meine Mutter im Jahr darauf am Tag vor Heiligabend den Arm brechen und unsere Feier abermals ausfallen würde und dass das erste Weihnachten, das wir wieder wie gewohnt als Familie hätten feiern können, das erste ohne meinen Bruder sein würde.

★

Ich hob meine Tochter zu mir auf den Klavierhocker und blätterte energisch um. Ein anderes Lied musste her. *In der Weihnachtsbäckerei.* Ein Lied, mit dem ich das letzte bisschen Weihnachtsstimmung in mir zusammenkratzen konnte. Für die Kinder. Und weil immerhin trotzdem Weihnachten war. Weil wir trotzdem Jesu Geburtstag feierten. Auch wenn es sich gar nicht nach Weihnachten anfühlte und mir auch nicht nach Feiern zumute war.

Ich wollte es wirklich. Wollte auf dieses Weihnachten zurückblicken und sagen können, dass es trotzdem etwas Besonderes gewesen sei. Dass die Frohe Botschaft schließlich unabhängig von äußeren Umständen unsere Herzen berühren könnte. Aber die Wahrheit ist, dass ich es nicht schaffte.

Am Heiligen Abend trafen wir meine Familie für ein paar Minuten draußen in der Kälte zur Geschenkeübergabe. Wir feierten allein mit meiner Mutter mit FFP2-Masken und tauschten den Tag über Fotos von den einzelnen kleinen Familienfeiern aus. Bis heute schnürt es mir die Kehle zu, wenn ich die Weihnachtsfotos aus jenem Jahr betrachte.

Ich lernte an diesem Weihnachten wohl eher nicht, mich auf das Wesentliche zu besinnen. Mit wenig glücklich zu sein. Umstände, die ich nicht ändern kann, hinzunehmen. Da war nur die Gewissheit, dass Hoffnungen manchmal enttäuscht werden, dass Gebetserhörungen nicht wie reife Äpfel vom Baum fallen. Aber auch die, dass es in manchen frustrierenden Situationen stimmt, was man sagt: »Am Ende wird alles gut, und wenn es nicht gut ist, dann ist es noch nicht das Ende.«

★

Wir holten unsere Feier nach, mit Truthahn und allen Familienmitgliedern, ohne Abstand und Masken, als es wieder möglich war: im Juni des Folgejahres zum Geburtstag meiner Mutter. Ohne Bescherung, ohne Weihnachtsgottesdienst, aber mit diesem besonderen Gefühl eines Happy Ends für das traurige Weihnachten 2020. Ich spielte sogar das Lied mit dem unsagbar blöden Text noch einmal auf dem Klavier – eine kleine Geste der Versöhnung gegenüber dem Weihnachtsfest, das so anders verlaufen war als erhofft.

Und so fand ich doch noch ein Stück verlorene Weihnachtsfreude im Juni bei über 30 Grad. Und auch wenn es nicht die Gebetserhörung war, auf die ich im Dezember gehofft hatte – ich bin dankbar, dass wir dieses Familienfest erleben durften.

Melissa C. Feurer lebt mit ihrem Mann und zwei Kindern im fränkischen Seenland. Sie ist Autorin zahlreicher Kinder- und Jugendbücher und schreibt mit Begeisterung für Fans von Faithful New Adult.

Trittleiter, Korsett und Weihnachtslieder

Dorothea Balzer

Lesezeit: ca. 14 Minuten

Donnerstag, 19. Dezember. Die sorgfältig über mehrere Jahre perfektionierte Christmas-Playlist läutet den nächsten Titel ein. In sanften Gitarrenklängen ertönt »O Holy Night« aus den Autolautsprechern und malt mir ein Lächeln ins Gesicht. Ich liebe dieses alte Weihnachtslied. Es ist so friedlich und kraftvoll.

Ich drehe die Lautstärke auf und steige in den Text mit ein. Die Fahrten von der Arbeit nach Hause sind perfekt für solche Privatkonzerte. Und heute möchte ich dieses Lied richtig genießen und seine Worte tief auf mich wirken lassen. In ein paar Tagen ist Weihnachten. Mein Kopf ist voller Vorbereitungen, und mein Herz möchte bereit sein. Bereit, dieses großartige

Fest zu feiern. Seine Botschaft neu zu begreifen. Seinen Sinn zu leben.

Meine Gedanken durchwandern die Termine der nächsten Tage. Morgen steht eine große Probe an, bei der wir das Musical in der Kirche mit Kostümen, Mikrofonen, Strahlern und Kameras üben wollen. Am Sonntag treffen wir uns zum Mittagessen mit meinen Geschwistern bei Mama und Papa. Ich freue mich schon auf meine Schwester und meinen Schwager. Seit ein paar Tagen sind sie in Deutschland und obwohl ich sie vor ein paar Wochen erst in ihrem neuen Zuhause in Amerika besucht habe, kann ich es kaum erwarten, sie wiederzusehen. Sie bringen ein paar der Geschenke mit, die nicht mehr in mein Gepäck gepasst haben.

Geschenkpapier! Das schöne liegt bei Mama und Papa. Ich könnte gleich zu ihnen fahren und das schon mal erledigen.

Kurzerhand wähle ich Mamas Nummer. Papa geht ran.

»Hi, Papi, störe ich gerade?«

»Ähm, ja, im Moment ist es gerade schlecht …« Er klingt angespannt.

»Ist was passiert?«

»Mama ist gerade gestürzt.«

Wie, gestürzt?!? Ich spreche die Frage in meinem Kopf laut aus: »Ist es schlimm?«

»Also, sie kann sich nicht wirklich bewegen.«

Ich atme tief ein. Mein Papa ist kein Mann großer Worte oder Emotionen. Aber ein bisschen mehr muss er mir jetzt doch verraten. »Papa, wo ist sie, was hat sie gemacht, was ist passiert?«

»Warte, ich geb sie dir mal.«

Also ist sie immerhin ansprechbar.

»Hallo, Dolly.« Mamas Stimme klingt schwach und weinerlich. Kein gutes Zeichen.

»Mama, was ist los?«

»Ich bin von der Leiter gefallen.«

»WAS BIST DU?«

»Ich wollte den Weihnachtsbaumschmuck vom Dachboden holen und bin dann die letzten paar Sprossen hinuntergefallen.«

Ich beiße die Zähne zusammen und schüttle ungläubig den Kopf. »Was machst du denn für Sachen?«

»Ja, Dolly, und jetzt liege ich hier auf dem Boden und kann mich nicht bewegen …«

Ich höre sie schwer seufzen. Tausend Gedanken schießen mir durch den Kopf. Mama könnte gelähmt sein. Papa muss den Notarzt holen. Wie wollen die Sanitäter Mama das enge Treppenhaus hinuntertragen? Muss man sie mit einem Hubschrauber aus dem Dachfenster heben? Wer soll für Sonntag das Essen kochen? Werden wir Weihnachten im Krankenhaus feiern? Werden wir überhaupt Weihnachten feiern?

Mamas Stimme holt mich zurück zum Wesentlichen. »Denkst du, wir sollten den Notarzt rufen?«

»Ja, Mami, unbedingt! Ich bin schon unterwegs, ich komme, so schnell ich kann, okay?«

»Okay …«

Ich lege auf und fange an zu beten. Dahin sind meine Pläne für einen ruhigen Abend mit gemütlichen Weihnachtsvorbereitungen. Dieses Jahr wird das Fest wohl anders.

★

Ich schließe die Tür zu meinem Elternhaus auf und Papa kommt mir bereits entgegen. In knappen Worten schildert er mir, was seit unserem Telefonat geschehen ist. Die Sanitäter haben Mama, mit Schmerzmittel vollgepumpt, die Treppe hinunter in den Rettungswagen begleitet und mit ins Krankenhaus genommen. Mama wartet nun auf ihre Röntgenbilder.

»Sie wird wohl über Nacht dableiben.«

Ich nicke nachdenklich. »Ich packe ihr am besten eine Tasche und fahre hin.«

Papa stimmt zu.

Wenig später manövriere ich mein Auto vor dem Klinikum in eine freie Parklücke. Als ich das Gebäude betrete, schlägt mir der unverkennbare Krankenhausgeruch entgegen. Ah, es ist so klischeehaft! Ich fühle mich direkt wie in einem Buch, in dem die Heldin irgendetwas Dramatisches erlebt. Aufgrund eines Kindheitstraumas verabscheut sie den Krankenhausgeruch aufs Tiefste. Sie verbindet damit nichts Gutes.

Natürlich nicht! Wer findet diesen Geruch denn bitte tröstlich oder heimelig oder beruhigend?!

So klischeehaft es auch ist – irgendwie tut es gut zu wissen, dass schon viele Menschen vor mir voller Ungewissheit, Sorge und Angst durch diese Flure gelaufen sind, um ihre Liebsten zu besuchen. Und sofort fühle ich mich ein kleines bisschen schlecht, weil ich meinen Main-Character-Moment so genieße.

Ich finde Mamas Zimmer ohne große Umstände. Als ich die riesige Tür öffne und mein Blick auf meine liebe Mami im Krankenhausbett fällt, ist alle träumerische Dramatik weg.

Meine Tränendrüsen gehören zu den aktivsten auf der ganzen Welt. Aber ich will jetzt für Mama stark sein.

Ich eile zu ihr ans Bett und umarme sie vorsichtig. Sie freut sich, dass ich gekommen bin, und berichtet mir, was die Untersuchungen ergeben haben. Der zwölfte Wirbel ist gebrochen und muss vielleicht sogar operiert werden. Dazu hat sie Prellungen und Hämatome am Rücken und an der Hüfte.

Unwillkürlich muss ich daran denken, dass alte Leute sich immer sofort etwas brechen, sobald sie mal hinfallen. Aber meine Eltern sind doch noch nicht alt!

»… und wahrscheinlich werde ich über Weihnachten noch im Krankenhaus bleiben«, schließt Mama ihren Bericht und ihre Stimme bricht.

Ich nicke tapfer. »Ach, und wenn schon. Dann feiern wir einfach alle zusammen hier.« Ich setze ein hoffentlich fröhliches Lächeln auf. Aber nun kommen mir doch noch die Tränen. »Ach Mami …«

Sie nimmt mich in den Arm und wir weinen ein bisschen. Es ist ein doofes Gefühl, wenn man merkt, dass Eltern älter werden.

★

Sonntag, 22. Dezember. Meine Geschwister, Papa und ich steigen vor dem Klinikum aus dem Auto. Meine Schwester Diana verteilt amerikanische Bonbons und verspricht uns, dass es »das sauerste Zeug ist, was wir je geschmeckt haben«. Wir veranstalten auf dem Weg zu Mamas Zimmer einen Wettbewerb, wer es am längsten aushält, das Gesicht nicht zu verziehen.

Ich liebe meine Familie. Wir sind spontan, witzig, einfallsreich und abenteuerlustig. Wir werden Weihnachten feiern und dabei eine gute Zeit haben. Egal, wo und wie.

Die Ärzte haben sich noch nicht entschieden, ob sie operieren oder nicht. Demnach wissen wir immer noch nicht, wie lange Mama im Krankenhaus bleiben muss.

Gestern haben mein kleiner Bruder Lukas und meine Schwägerin Vanessa mir geholfen, unser Elternhaus auf Weihnachten vorzubereiten. Sie haben gekocht und gebacken. Ich habe den Baum geschmückt (ohne von der Leiter zu fallen) und die Geschenke eingepackt (sogar die für mich). Heute am Mittagstisch haben wir gemeinsam Pläne geschmiedet, wie wir Weihnachten zu Mama ins Krankenhaus bringen können. Es könnte etwas eng werden, denn mit meinen drei Geschwistern, ihren Partnern und meinen beiden Nichten sind wir eine Großfamilie. Aber wie heißt es so schön: »The more, the merrier« – je mehr, desto fröhlicher.

Der Nachmittag mit Mama ist schön. Wir erläutern unsere Pläne und bringen Grüße von den Nachbarn, die den Rettungswagen vor dem Haus gesehen haben und dann einer nach dem anderen ihrer nachbarschaftlichen Pflicht nachgekommen waren, sich bei Papa zu erkundigen, was passiert ist. Eine Nachbarin versorgt Papa seitdem täglich mit warmen Mahlzeiten. Alle sind zuversichtlich, dass Mama bald nach Hause darf.

★

Dienstag, 24. Dezember. Mama darf noch nicht nach Hause. Also bringen wir Weihnachten ins Krankenhaus. Die große Familienfeier ist für übermorgen geplant – Gott hat noch zwei Tage Zeit, um unsere Gebete zu erhören. Aber heute ist Heiligabend, und da können wir Mama natürlich nicht allein im Krankenhaus liegen lassen.

Mit einer Tüte voller Essen und einer Gitarre auf dem Rücken stiefeln Lukas, Vanessa und ich durch die Flure des Klinikums. Mama und Papa haben sich das Musical im Lifestream angeschaut, aber ich erzähle trotzdem, wie toll die Kinder ihre Rollen gespielt haben und wie gut alles geklappt hat.

Dann möchte Mama, dass wir im Flur Weihnachtslieder singen. Zu diesem Zweck hat mein Bruder die Gitarre mitgebracht, aber plötzlich ist mir der Gedanke unangenehm. Wir sollen uns einfach so in den Flur stellen und anfangen, Lieder zu singen? Ohne geübt zu haben? Und noch nicht mal mehrstimmig? Wie wird das bloß ankommen?

Lukas macht sich daran, die Liedtexte auf seinem iPad vorzubereiten, und ich gebe mir einen Ruck. In der Kirche will ich Weihnachtslieder singen, aber nicht im Krankenhaus?!? Wann soll man solche Sachen machen, wenn nicht an Heiligabend?

Vanessa spricht mit der Stationsleitung und ich stelle mich brav neben meinen Bruder in den Flur. Auch Papa gesellt sich zu unserer kleinen Band dazu. Und dann singen wir ganz unspektakulär ein Weihnachtslied. Ein paar Zimmertüren gehen auf. Jemand applaudiert nach dem Lied, also singen wir noch eins. Dabei komme ich richtig in Weihnachtsstimmung. Ich denke an die Menschen, die hier liegen. Nicht genug, dass sie irgendein körperliches Leiden haben – jetzt sind sie auch noch an Weihnachten allein und können nicht mit ihren Lieben feiern. Vielleicht haben sie auch keine Familie mehr. Für mich ist es selbstverständlich, wie Weihnachten gefeiert werden muss: Wir gehen in den Gottesdienst, an dem ich seit meiner Kindheit jedes Jahr in irgendeiner Weise beteiligt bin. Dann gehen wir nach Hause, essen ein köstliches Mahl und machen Bescherung. Und das alles im Kreis der Familie. Doch dieses Jahr ist es anders. Und mir wird bewusst, wie dankbar ich sein kann.

»Frohe Weihnachten!«, rufe ich, nachdem wir fertig gesungen haben. Und dann machen wir eine kleine Bescherung in Mamas Krankenhauszimmer.

★

Donnerstag, 26. Dezember. Nach und nach trudeln alle Familienmitglieder mit großem Hallo bei Papa und Mama zu Hause ein. Ja: Papa *und* Mama. Denn Mama muss nicht operiert werden und wurde gestern, gestützt von einem speziellen Korsett, von Papa aus dem Krankenhaus nach Hause gebracht. Ich bin dankbar. Dafür, dass Mama jetzt zu Hause ist. Dafür, dass wir die Weihnachtsbotschaft im Krankenhaus laut heraussingen durften. Und dafür, dass Weihnachten so viel mehr ist als eine Familienfeier nach Plan.

Dorothea Balzer schreibt seit ihrer Teenagerzeit und lebt am Fuße des Teutoburger Waldes. Sie liebt Jesus, Abenteuer und Reisen und arbeitet als Lektorin in einem christlichen Verlag.

Und so leuchtet die Welt langsam der Weihnacht entgegen. Und der in Händen sie hält, weiß um den Segen.

Matthias Claudius

Trost in einem Bild – Weihnachten im Oktober

Jrene Bircher

Lesezeit: ca. 7 Minuten

An einem heißen Augustnachmittag sitzen mein Mann und ich der Ärztin in der Neuropädiatrie gegenüber. Der Raum ist still, die Luft steht. Während die Ärztin spricht, verfangen sich ihre Worte wie schwere Steine in meinem Kopf. Diagnose Schlaganfall. Prognose vage. Eine Zukunft voller Fragen. Unsere drei Monate alte Tochter liegt in den Armen meines Mannes, völlig ahnungslos von dem, was gerade über sie gesprochen wird. Ihre kleinen Finger umklammern seinen Daumen, und ihr Atem geht ruhig, während in mir ein Sturm tobt.

Auf der Heimfahrt steigt ein Bibelvers in mir auf, schiebt die Verzweiflung beiseite und lässt Frieden einkehren: »Er breitet seine Flügel über dich, ganz nahe bei ihm bist du geborgen« (Psalm 91,4; GNB). Es fühlt sich an wie eine sanfte Umarmung Gottes, als wolle er mir sagen: »Ich bin hier. Ich werde euch tragen.« Und ich weiß: Egal, was für ein Weg vor uns liegt, wir werden ihn nicht allein gehen.

Die nächsten Wochen sind ein Wechselbad der Gefühle. Dankbarkeit und Angst liegen nah beieinander. Was wird die Zukunft für unsere Tochter bereithalten? Wir sind erschüttert, fühlen uns hilflos und gleichzeitig tief getröstet. Gott hat uns unsere Tochter ein zweites Mal geschenkt, ohne dass wir es wussten.

★

Zwei Monate später, an einem grauen Oktobertag, sitze ich in einer überfüllten Turnhalle. »Open Heaven Days« ist eine christliche Jugendveranstaltung. Die Halle ist voller junger Menschen, die ausgelassen singen und tanzen. Ich fühle mich fehl am Platz. Ich bin müde, erschöpft und voller Fragen. Während ich durch die Menge zum Ausgang dränge, bleibt mein Blick an einem Bild hängen. Es zeigt eine türkisfarbene Welle, die sich wie ein Schutzmantel um einen Schwan und sein Junges legt. Das Kleine schmiegt sich unter die Flügel des großen Schwans, geborgen und sicher. Darüber steht in geschwungenen Lettern: »Er breitet seine

Flügel über dich, ganz nahe bei ihm bist du geborgen« (Psalm 91,4).

Mein Herz bleibt stehen. Genau dieser Vers hat mich in den letzten Wochen getröstet! Tränen steigen mir in die Augen. Neben dem Bild liegen Karten und ein Stift. Wer sich für das Bild interessiert, darf eine Notiz hinterlassen. Die Künstlerin wird im Gebet entscheiden, wer es bekommt. Ich greife nach einer Karte, schreibe mit zitternder Hand ein paar Zeilen und lasse die Karte in die Box fallen.

Zu Hause lässt mich das Bild nicht los. Es brennt sich in mein Herz. Immer wieder sehe ich den Schwan und sein Junges vor mir. In der Nacht kann ich kaum schlafen. Ich bete, weine, flehe. »Herr, ich wünsche mir dieses Bild so sehr – für unsere Tochter, als Zeichen, dass du bei ihr bist. Aber wenn jemand anders es nötiger hat, dann schenke es dieser Person.«

Die Tage vergehen, und es bleibt still. Kein Anruf. Kein Bild. Ich sage mir, dass es wohl nicht für uns bestimmt war. Doch mein Herz lässt es nicht los.

In den folgenden Tagen suche ich online nach einem ähnlichen Bild. Doch nichts kommt auch nur annähernd an das heran, was ich in der Turnhalle gesehen habe. »Herr, ich hätte dieses Bild so gerne gehabt«, flüstere ich eines Abends, während ich meine Tochter in den Schlaf wiege.

Zwei Tage später piept mein Handy. Ich öffne die

Nachricht. Es ist die Künstlerin. »Liebe Jrene, ich möchte dir das Bild, das dich so bewegt hat, gerne schenken.«

Meine Knie werden weich. Die Tränen fließen. Es ist, als ob Gott mich ein weiteres Mal sanft in seine Arme schließt. Er hat meinen Herzenswunsch gesehen und mein Gebet erhört.

★

Endlich stehe ich der Künstlerin gegenüber. Sie überreicht mir das Bild mit einem warmen Lächeln. In ihren Augen liegt ein Leuchten, das mehr sagt als Worte. Frieden erfüllt mein Herz. Es ist ein heiliges Geschenk, ein Weihnachtsgeschenk im Oktober.

Seitdem hängt das Bild über dem Bett unserer Tochter. Jedes Mal, wenn ich es ansehe, erinnere ich mich daran, dass Gott seine Flügel über uns ausbreitet. Dass er uns hält – auch wenn der Weg schwierig ist. Und ich bin dankbar. Für Gottes Nähe. Für die Geborgenheit. Für seine Geschenke das ganze Jahr hindurch.

Jrene Bircher lebt mit ihrer Familie auf einem Bergbauernhof im Berner Oberland. In der Stille der Natur und den kleinen Alltagsmomenten entdeckt sie immer wieder Spuren von Gottes Fürsorge – und hält diese in ihren berührenden Texten fest.

Gottes Verheißung im dunkelsten Moment

Anne-Ruth Meiß

Lesezeit: ca. 11 Minuten

Es ist kurz vor Weihnachten. Mein Mann und ich freuen uns auf unser zweites Kind. Schon immer habe ich von einer großen Familie geträumt und bin glücklich über die erneute Schwangerschaft, auch wenn meine Tochter erst ein Jahr alt ist. *Dann werden die beiden zusammen groß,* denke ich voller Freude. Ein Häuschen wollen wir für unsere Familie bauen. Der Bauplatz ist gekauft und die Pläne sind eingereicht. Nur noch auf die Baugenehmigung warten wir. Aber das ist lediglich eine Frage der Zeit … Im Frühling, wenn das zweite Kind da ist, wird Baubeginn sein, so hat der Architekt es mit uns besprochen.

Ich freue mich auf das erste Weihnachtsfest, das

unsere fünfzehn Monate alte Tochter bewusst erleben wird. Die Geschenke sind gekauft und müssen nur noch eingepackt werden. Was wird die Kleine wohl zu der schönen Puppe sagen, die wir ihr schenken werden? Sie wird begeistert sein und die Vorfreude auf das Geschwisterchen wird dadurch umso greifbarer. Das Festessen ist geplant, alles ist eingekauft und unsere kleine Wohnung weihnachtlich geschmückt. Sogar der Baum steht schon. Mein Mann ist dankbar, dass er seine Studierenden in die Ferien entlassen konnte und nicht mehr stundenlang am Schreibtisch sitzen muss, um den Unterricht vorzubereiten. Wir haben als Familie Zeit füreinander. Und Zeit für Gott.

An Heiligabend wollen wir in unserer Gemeinde den Familiengottesdienst besuchen und Freunde treffen. Ich bin sicher: Es wird ein schönes, segensreiches Weihnachtsfest, das wir in diesem Jahr zu dritt feiern werden. Und schon bald werden wir zu viert sein! Ich ahne nicht, dass alles anders kommen wird.

★

Plötzlich spüre ich, dass etwas anders ist. Irgendetwas stimmt nicht. Ich vereinbare einen Termin bei meinem Frauenarzt. Die Ultraschalluntersuchung konfrontiert uns mit einer furchtbaren Diagnose: keine Herzaktivität. Unser Kind ist nicht mehr am Leben. Ich werde ins

Krankenhaus gebracht. Alles geht ganz schnell. Eine Not-OP in der Nacht vor Heiligabend.

Als ich aus der Narkose erwache, bin ich allein. Mein Mann ist zu Hause und kümmert sich um unsere Tochter. Ich liege in meinem Krankenhausbett, erhole mich von der Narkose und muss mich mit der neuen Situation abfinden. Anders als erhofft wird im kommenden Frühling nicht mein zweites Kind zur Welt kommen. *Warum, Gott?*, denke ich. *Was willst du mir damit sagen?* In meiner Trauer über den Verlust setzt sich ein Gedanke immer tiefer in mir fest: *Will Gott vielleicht, dass ich mit dem einen Kind zufrieden bin?* So viele Frauen können gar keine Kinder bekommen. Ich sollte dankbar sein für das eine, das meinem Mann und mir geschenkt wurde! Tränen rollen mir über die Wangen. So gerne wäre ich eine Mutter von vielen Kindern geworden. Aber anscheinend hat Gott andere Pläne mit mir. Ich falle in einen unruhigen Schlaf.

Am nächsten Morgen – es ist der 24. Dezember – kommen mein Mann und meine kleine Tochter mich besuchen. Als ich der Kleinen über den blonden Lockenkopf streiche und sie in die Arme schließe, denke ich: *Ja, es stimmt; ich sollte dankbar sein, dass Gott uns diese eine Tochter geschenkt hat.* Und so finde ich mich schweren Herzens mit dem Gedanken ab, dass wir eben eine kleine Familie bleiben. Gott wird schon wissen, was gut für uns ist.

★

Als am Nachmittag über den Lautsprecher des christlichen Krankenhauses der Weihnachtsgottesdienst übertragen wird und mein Mann und meine Tochter längst wieder nach Hause gefahren sind, bin ich froh über die Ablenkung. Ich fühle mich traurig, da ist ein großer Schmerz in meinem Herzen, eine tiefe Wunde über den Verlust, und mich überkommt ein Gefühl von Einsamkeit und Enttäuschung. Immer wieder habe ich erlebt, dass ich durch eine Predigt gestärkt wurde und mein Glaube wieder eine neue Perspektive gewonnen hat. Aber heute ist es anders.

Ich bin gar nicht fähig, der Predigt zu folgen, zu sehr bin ich mit mir selbst beschäftigt. Doch dann erklingt das Lied eines Chores durch den Lautsprecher. Es ist der Diakonissenchor, den ich schon oft gehört habe. Ich lausche diesem wunderschönen Gesang. Bis es heißt: »Uns ist ein Kindlein heut gebor'n.« Wieder laufen mir die Tränen über die Wangen und ich weine bitterlich. *Ich habe mein Kind doch gerade verloren! Wie kann ich da in den Gesang des Chores miteinstimmen?* Wie eine schwere Last legt sich der Gedanke auf meine Seele, dass ich nie wieder ein Kind bekommen werde. Ich will es ja annehmen, aber es ist so schwer und es tut so weh!

Dann erfasst mich eine große Unruhe und ich hadere mit Gott. Und so beschließe ich, statt dem Gottesdienst weiter zuzuhören, selbst in der Bibel nachzulesen. Im Hinterkopf habe ich den Gedanken: *Ja, Gott, ich will mich damit abfinden, dass du mir den Wunsch nach weiteren Kindern nicht erfüllst. Ich will das aus deiner Hand annehmen. Und ich bin gespannt, was du mit meinem Leben weiter vorhast.* Ich schlage die Bibel auf, die ich im Nachttisch des Krankenhauses finde, und beginne mit dem Lesen da, wo der Engel zu Maria kommt und ihr die Geburt von Jesus ankündigt.

Aber als ich die Geschichte weiterlese, stolpere ich über einen bestimmten Satz in Lukas 1,37: »Für Gott ist nichts unmöglich« (GNB). Das sind die Worte, die der Engel zu Maria sagt, die es nicht fassen kann, dass sie ein Kind bekommen wird. In diesem Moment fühle ich in meinem Krankenbett ganz klar: *Diesen Satz sagt Gott persönlich zu mir. Es mag menschlich gesehen nicht möglich sein, dass ich noch Kinder bekomme, aber bei Gott sind alle Dinge möglich.* Eine große Gewissheit erfüllt mich plötzlich und ich spüre, dass Gott mir ganz nah ist. Das habe ich noch nicht oft erlebt, dass Gott sich fast hörbar an mich wendet und mich so persönlich anspricht. Kann es tatsächlich wahr sein, dass Gott mir doch noch ein Kind schenken wird? Plötzlich ist die Traurigkeit verflogen. Ich fühle mich Gott so nah und ganz eng mit ihm verbunden. Gott sieht mich in meinem Krankenbett liegen und tröstet mich durch sein Wort. Plötzlich ist es für mich gar keine Frage mehr: Natürlich sind bei Gott alle Dinge möglich! Wie könnte ich daran zweifeln? Eine große Dankbarkeit erfüllt mich und innerlich jubele ich.

★

Als ich am folgenden Tag Besuch von meinen Eltern bekomme, kann ich nicht an mich halten und erzähle ihnen von dieser Gottesbegegnung. »Bei Gott sind alle Dinge möglich. Ich werde noch Kinder bekommen! Das ist nicht das Ende.« Meine Eltern sind mit meiner Euphorie etwas überfordert und versuchen, mich auf den Boden der Tatsachen zurückzuholen: »Nun beruhige dich erst einmal und verkrafte diesen schweren Verlust. Das Glück deines Lebens hängt nicht daran, dass du noch ein Kind bekommst. Gott wird dich auch so reich segnen.« Sie meinen es gut mit mir. Aber die Gewissheit, die ich in meinem Herzen spüre, können diese Worte nicht nehmen.

★

Knapp ein halbes Jahr vergeht. Und dann werde ich wieder schwanger. Ganz unerwartet – und doch nicht unerwartet, denn Gott hatte es mir ja gesagt! Mein Mann und ich haben noch eine Tochter und zwei Söhne bekommen. Die Geburt war für uns jedes Mal ein Wunder. Aber das größte Wunder war für mich, dass Gott sich an jenem Heiligabend, als ich allein in meinem Bett im Krankenhaus lag, zu mir heruntergebeugt hat und mir persönlich begegnet ist. Dass er mir in einer Situation, in der ich mich so verlassen, so traurig, so verzweifelt fühlte, durch sein Wort neue Hoffnung geschenkt hat. Das war für mich das eigentliche Wunder dieses Weihnachtsfests.

Anne-Ruth Meiß lebt mit ihrem Mann in Marburg und leitet den Verlag Francke-Buch. Als Referentin auf Frauenveranstaltungen spricht sie gern über Dankbarkeit und ein erfülltes Leben. In ihrer freien Zeit genießt sie Urlaube in Holland und das Zusammensein mit ihren Enkelkindern.

Fürchtet euch nicht! Siehe, ich verkündige euch große Freude, die allem Volk widerfahren wird; denn euch ist heute der Heiland geboren, welcher ist Christus, der Herr, in der Stadt Davids.

Lukas 2,10–11 (LUT)

Kapitel 4

Himmlische Augenblicke

Weihnachten ist auch ein Fest der Freude und manchmal zeigt sich Gottes Liebe in unerwarteten, humorvollen Momenten. Lachen verbindet, heilt, weckt Lebensfreude – und erinnert uns daran, dass auch Leichtigkeit und Staunen zum Geheimnis von Weihnachten gehören.

»Ein fröhliches Herz macht den Körper gesund; aber ein trauriges Gemüt macht kraftlos und krank.«
Sprüche 17,22

Weihnachtschaos im Krippenspiel

Elisabeth Stiefel

Lesezeit: ca. 11 Minuten

Vor Freude hätte ich die ganze Welt umarmen können. Heute war einfach der perfekte Sonntagmorgen. Ich sah aus dem Fenster und entdeckte ein paar wenige Schneeflocken, die vom Himmel fielen. Die Tanne vor dem Haus war mit Raureif bedeckt. Durch die Äste schimmerten schüchtern einige mutige Sonnenstrahlen. Es war ein Bild wie aus dem Kalender, den ich jedes Jahr von der Apotheke erhielt. Heute war der erste Sonntag im Advent. Der Gottesdienst hatte so richtig zu meiner vorweihnachtlichen Stimmung gepasst. Ich genoss die Ruhe und ließ die Lieder und die Musik des Vormittags in mir nachklingen. Es war die Ruhe vor dem Sturm, die ich so zu schätzen wusste.

Die anderen Familienmitglieder waren noch im Kindergottesdienst, um die ersten Vorbereitungen für das alljährliche Krippenspiel zu treffen. Vorweihnachtszeit bedeutete traditionell Krippenspielvorbereitungszeit.

Eine Stunde später war es mit der Beschaulichkeit vorbei: Die jüngste Tochter kam nach Hause, ihre Augen strahlten vor Glück. Sie war dieses Jahr zum ersten Mal als Laienschauspielerin engagiert und vor Begeisterung nicht mehr zu bremsen: »Weißt du, Mama, wir haben eine Geschichte gehört. Da waren eine Frau und ein Mann, die hatten ein Baby. Weil es so kalt war und niemand Windeln hatte, wurde das Kind krank und bekam die Grippe. Ich freue mich so, weil ich beim Krippenspiel einer der Engel sein darf und im Engelschor mitsinge!«

Bevor ich einiges klarstellen konnte, erschien die ältere Tochter – weit weniger begeistert – an der Haustür.

Wütend erzählte sie: »Stell dir vor, ich sollte die Hinterbeine des ersten Kamels sein, aber als ich dann streikte, wurde ich wenigstens zu Melchior, einem der Drei Könige.« Ich hatte vollstes Verständnis für die Enttäuschung meiner Teenie-Tochter. »Warum kann ich nicht auch einmal eine blond gelockte, solo singende Maria zur Tochter haben?«, seufzte ich innerlich. Etwas konsterniert schaute ich meinen Gatten an. Er war als Kinderkirchkrippenspielverantwortlicher für vier Wochen zum Starregisseur mutiert. So hatte er sehr nervös das Haus bereits am frühen Sonntagmorgen verlassen. »Die Besetzung der Rollen ist eine Teamentscheidung«, murmelte er entschuldigend.

Einmal, nur einmal eine harmonische, ruhige und besinnliche Vorweihnachtszeit, hatte ich mir gestern noch im Stillen gewünscht, und heute Morgen hatte es auch für einige Momente danach ausgesehen.

Nun tauchten die beiden Söhne auf, zufrieden grinsend der erste: »Ich bin wie immer ein Hirte, das läuft. Stock, Schaffell und Hut haben wir doch noch vom letzten Jahr, oder?« Fragend schaute er mich an. Ich nickte. Kaugummi kauend und zähneknirschend, sofern dies gleichzeitig möglich war, der andere. Er wollte sich dieses Jahr eigentlich unauffällig unter die Zuschauer mischen. Seine Schauspielkarriere hatte er nach dem letztjährigen Krippenspiel für beendet erklärt. »Mir haben sie den Josef aufs Auge gedrückt«, brummte er. Ich konnte mir meinen pubertierenden Sohn nur schwer als treu sorgenden Josef vorstellen, aber, nun ja, man würde sehen.

Die glückliche Adventsstimmung war endgültig verflogen. So erhielt ich nun eine vage Vorstellung davon, wie die so gemütlich geplanten Sonntagsmahlzeiten in den nächsten vier Wochen verlaufen würden. Seufzend verzog ich mich in die Küche, um das Mittagessen fertig zu kochen. Die Klärung der Krippenspielproblematik fiel in den Verantwortungsbereich meines Ehemanns. Mit friedlicher Adventsstimmung hatte das, was ich akustisch aus dem Wohnzimmer mitbekam, allerdings sehr wenig zu tun.

★

Weihnachten. Endlich war der große Tag da. Die Atmosphäre beim Frühstück war angespannt.

»Deine Kinder konnten gestern bei der Hauptprobe ihren Text immer noch nicht«, kritisierte Vater Regisseur.

»Es reicht schließlich, wenn bei der Aufführung alles klappt und ich dann meinen Text kann. Man darf seine Ressourcen nicht unnötig verschleudern«, kommentierte Sohn Josef und schob den obligatorischen Kaugummi von einer Backe in die andere.

Ein schriller Schrei aus dem Bad ließ mir vor Schreck das Blut in den Adern stocken. Kreidebleich sprang ich vom Esstisch auf, stürzte mit zitternden Knien Richtung Bad, riss die Tür auf und erfasste blitzschnell die Situation: Dort saß ein blond gelocktes Engelchen mit tränenverschmiertem Gesicht. Das einstmals blütenweiße Kleid zierte nun ein schwarzes Streifenmuster.

»Ich wollte doch nur helfen!«, schluchzte der Engel.

Vor dem Spiegel stand eine brüllende heilige Königin. Der wunderschöne rote Königsmantel hing noch dekorativ um die Schulter und die goldene Krone saß etwas schief auf dem Kopf. Auf dem Waschbecken lag eine brennende Kerze. Der Versuch, mithilfe eines rußigen Korkens dem König zu einem schwarzen Gesicht zu verhelfen, war offensichtlich schiefgelaufen. »Meine Nase tut so weh«, heulte die heilige Königin.

»Ich wollte doch nur helfen!«, schniefte das Engelchen immer wieder.

Schnell kühlte ich die Verbrennung an der Nasenspitze, notdürftig reinigte ich die Kohleflecken auf dem Engelskleid.

»So kann ich doch nicht gehen, so sieht kein Engel aus!«

Ich musste meiner jüngsten Tochter recht geben. Schließlich erbarmte sich Papa und stellte angesichts der offensichtlichen Notlage sein weißes Sonntagshemd als Engelskleid zur Verfügung, das mit einem goldenen Geschenkband in Form gehalten wurde.

Ein wunderschönes Engelchen, eine mit Mamas bestem Make-up geschminkte Königin, ein in sich ruhender Hirte, der lässig das Schaffell, das normalerweise als Bettvorleger diente, um die Schulter drapiert hatte, und ein immer noch Kaugummi kauender Josef verließen schließlich etwas hektisch zusammen mit ihrem aufgeregten Vater das Haus.

Ich konnte nur entnervt die Augen verdrehen und hoffen, dass doch noch alles gut gehen würde, gönnte mir eine kurze Atempause bei einer Tasse Kaffee und machte mich dann auch in Richtung Weihnachtsgottesdienst auf.

Endlich war der große Moment da. Die Engelschar saß brav in weißen Gewändern und mit goldenen Flügeln an ihrem Platz. Dort, wo sich das Hirtenfeld befand, ging es etwas lebhafter zu, was wohl auch mehr der damaligen Realität entsprach. Josef konnte gerade noch rechtzeitig seinen Kaugummi unten an der Krippe festkleben.

Dann ging es los. Erstaunt hörte ich bei der Begrüßung durch den Pastor von der Begeisterung und Freude der Kinder beim Einüben des Krippenspiels und vom großen Engagement aller Beteiligten. *Irgendwie,* dachte ich, *muss ich wohl etwas verpasst haben.*

Als die Aufführung begann, traute ich meinen Augen und Ohren kaum. Der Chor der Engel sang begeistert mit wohlklingenden Stimmen sein Gloria. Josef war nicht mehr wiederzuerkennen in der Fürsorge für seine Frau. Maria und Josef standen ergriffen an der Krippe. Die Menge der Hirten erschien, die etwas zu groß geratenen Hüte ihrer Großväter auf dem Kopf. In der hinteren Reihe entdeckte ich meinen Sohn, der den Hut seines Opas auf dem Schäferstecken drapiert hatte und ihn wie ein Zirkusartist seinen Jongliertellerandächtig kreisen ließ, was der weihnachtlichen Stimmung jedoch keinen Abbruch tat. Die Heiligen Drei Könige schritten beeindruckend und majestätisch einher, einen mit Goldpapier umwickelten Stern an einem Stab vor sich hertragend.

Die ganze Gemeinde ließ sich von der Weihnachtsfreude der Kinder anstecken. Und als dann am Schluss alle gemeinsam sangen »Ich steh an deiner Krippen hier, o Jesu, du mein Leben«, stimmte auch ich in das Gotteslob mit ein. Ich hatte soeben meine ganz persönliche Weihnachtsüberraschung erlebt: Aus einem chaotischen Durcheinander war ein beeindruckendes Fest zu Gottes Ehre entstanden.

Elisabeth Stiefel schreibt Bücher über Menschen, deren Glaube Spuren hinterlassen hat – mitten im Leben und oft ganz leise. Sie ist verheiratet, Mutter von vier Kindern und lebt mit ihrer Familie im Süden Deutschlands.

Wenn Kinder Weihnachten erklären

Christine Schlagner

Lesezeit: ca. 7 Minuten

Für ein dreijähriges Kind ist Weihnachten ein echtes Abenteuer! So viele Namen, so viele Geschichten – und alle bringen Geschenke! Kein Wunder, dass unsere kleine Enkelin Charlotte gelegentlich mit großen Augen dasitzt, während um sie herum die Weihnachtswelt in bunten Farben erklärt wird.

Da ist die liebevolle kurdische Tagesmutter, die Charlotte morgens begrüßt und strahlend sagt: »Bald kommt der Weihnachtsmann und bringt dir Geschenke! Du wirst sehen, das wird wunderschön!«

Die Nennoma, die gern zum Kaffeetrinken vorbeischaut, stammt aus der ehemaligen Sowjetunion. Geheimnisvoll flüstert sie beim Dekorieren: »Das Christkind kommt bald. Für alle Kinder – auch für dich, Charlotte!«

Die Omi aus Vorpommern und die Großtante aus Sachsen erzählen per Videoanruf begeistert vom Christkindbesuch.

Die fromme Omma aus dem Sauerland – das bin ich – verkündet: »Weihnachten ist der Geburtstag von Jesus! Das feiern wir.«

Noch ehe Mama und Papa überhaupt eine Chance hatten, ihre Version zu erzählen, haben all diese liebevollen Miterzieherinnen der kleinen Charlotte bereits ein buntes Fest ausgemalt.

Charlotte tut, was Kinder in solchen Situationen meistens tun: Sie hört zu, denkt nach – und sortiert sich ihre eigene kleine Weihnachtslogik zusammen.

Der Weihnachtsmann? Ganz klar: Das ist doch der Nikolaus. Schließlich war da neulich einer auf dem Markt – roter Mantel, weißer Bart – und der hat Mandarinen und Schokolade verteilt. Am Nikolausabend waren dann Nüsse, Mausespeck und eine Mango in Charlottes Gummistiefel.

»Oh, was für ein guter Mann! Der kann wiederkommen!«

»Mama, stellen wir die Stiefel heute Abend wieder raus?«

»Wie, erst in einem Jahr?! Was ist ein Jahr?«, fragt Charlotte.

Wie gut, dass es bald wieder Geschenke gibt – an Weihnachten! Denn dann kommt das Christkind. Das ist jetzt klar. Jesus hat zwar Geburtstag, liegt aber als Baby in der Krippe. Und Babys bringen keine Geschenke, das weiß Charlotte – sie hat schließlich einen Babybruder. Also muss das Christkind wohl ein etwas älteres Kind sein. Und ziemlich nett. Bestimmt wäre es schön, es mal kennenzulernen.

Und weil Charlotte gelernt hat, dass fast jeder, der zu Besuch kommt, auch mit ihnen isst, fragt sie ganz selbstverständlich: »Kann das Christkind noch zum Essen bleiben, wenn es uns die Geschenke gebracht hat? Es hatte doch so einen weiten Weg!«

Mama antwortet ausweichend, das Christkind hätte leider keine Zeit. Aber sie lobt Charlotte: »Das ist sehr gastfreundlich!«

Gast… was?

Die Sauerländer Omma hört Charlottes Frage und lächelt. Sie weiß: Die Kleine hat etwas ausgesprochen, was viele Große längst vergessen haben. Denn ja: Jesus, das Christus-Kind, kam wirklich von weit her – aus der Nähe Gottes – zu uns Menschen. Er selbst ist das Geschenk. »Ziemlich nett«, wie Charlotte sagen würde. Und wirklich: Es wäre schön, ihn kennenzulernen.

Charlottes Frage klingt deshalb auch bei ihrer Omma nach: »Kann das Christus-Kind noch zum Essen bei mir bleiben?«

Im Gegensatz zum Christkind mit Weihnachtsstress hat Jesus tatsächlich Zeit. Die Bibel erzählt sogar, dass er besonders gern mit Menschen gegessen hat. Wenn jemand ihn einlud, nahm er die Einladung gern an – das war seine Art. Und immer war es eine Bereicherung für die Gastgeber.

Der alte Tischspruch sagt es so: »Komm, Herr Jesus, sei du unser Gast und segne, was du uns bescheret hast.« Früher nahmen die Menschen Jesus auf diese Weise mit in ihren Alltag – an den Küchentisch, ins Krankenzimmer, in die Nachtruhe, auf die Felder, in die Feste. Gemeinsames Essen ist eben mehr als Nahrungsaufnahme – es ist Gemeinschaft, Nähe und Vertrauen.

Wie in der Geschichte von Zachäus, dem kleinen Mann, der Jesus unbedingt sehen wollte: Jesus kehrte bei ihm ein, obwohl ihn viele mieden. Sie saßen gemeinsam am Tisch, redeten, lachten und teilten das Mahl. Zachäus spürte plötzlich, dass er angenommen war – und das veränderte ihn. Er wurde ein anderer Mensch: befreit, geliebt, großzügig und bereit, neu anzufangen.

Vielleicht ist das die tiefste Bedeutung von Weihnachten: dass wir Jesus nicht nur als Baby in der Krippe feiern, sondern ihn wirklich einladen – an unseren Tisch, in unser Leben.

Er klopft an, sagt er selbst: »Siehe, ich stehe vor der

Tür und klopfe an. Wenn einer meine Stimme hört und die Tür öffnet, bei dem werde ich eintreten und Mahl mit ihm halten und er mit mir« (Offenbarung 3,20; EÜ).

Und was sagt Charlotte zum Abschluss dieser ganzen Festereignisse?

Mama erklärt: »Nach Weihnachten kommt Silvester.«

Charlotte ordnet gedanklich zu: Nikolaus, Weihnachtsmann, Christkind – alle haben Geschenke gebracht. »Und was bringt der Silvester?«, fragt sie hoffnungsvoll. »Was? Nichts?!« Man sieht es ihr an: *Ach nö. Der braucht gar nicht erst zu kommen!*

So endet ein Gespräch mit einem kleinen Kind, das Weihnachten mit offenem Herzen betrachtet – und dabei Gedanken ausspricht, die größer sind als es selbst.

Weihnachten vergeht, und bald folgt Silvester – ein Fest ohne Geschenke, aber dafür ein Anfang: Ein neues Jahr liegt vor uns mit vielen Gelegenheiten, auf Jesu Klopfen zu hören, ihm die Tür zu öffnen und mit ihm Gemeinschaft zu haben.

Ich wünsche mir, dass ich diese Einladungen im kommenden Jahr nicht überhöre – und dass ich sie mit kindlicher Offenheit beantworte. So wie Charlotte: ehrlich, herzlich, erwartungsvoll.

Christine Schlagner ist verheiratet und begeisterte »Omma«.

Weihnachten ist, wenn Gott bei uns einzieht – nicht in unser Wohnzimmer, sondern in unser Herz. Kinder verstehen das oft besser als wir.

Christoph Zehendner

Der Engel der verlorenen Dinge

Elizabeth Musser

Lesezeit: ca. 6 Minuten

Aus meiner Spotify-Wiedergabeliste erklingt leise Weihnachtsmusik. Auf dem Couchtisch flackert eine Kerze, im Kamin lodert das Feuer. Eingekuschelt in eine Fleecedecke, lasse ich meinen Blick über mein festlich geschmücktes Zuhause schweifen. Dankbarkeit steigt in mir auf. »Danke, Jesus, für den Engel der verlorenen Dinge«, flüstere ich. Denn ich erinnere mich …

2017 kehrten mein Mann und ich nach drei Jahrzehnten als Missionare in Frankreich in unsere Heimat zurück. In Georgia, im Südosten der USA, fanden wir ein Haus – näher bei unseren alternden Eltern, bei unseren Söhnen, unserer Schwiegertochter und den drei kleinen Enkeln. Dank Internet und Flughäfen konnten wir unsere seelsorgerliche Arbeit weltweit fortführen – von beiden Seiten des Atlantiks aus. Frühling und

Sommer in Frankreich, Herbst und Winter, besonders Weihnachten, in Amerika – so war der Plan.

Jedes Jahr nahm ich einige unserer liebsten Weihnachtsschätze aus Frankreich im Handgepäck mit. Zu wertvoll schienen mir die Erinnerungsstücke, als dass ich ihr Verschwinden riskieren wollte. Sie waren mehr als Dekoration – sie erzählten unsere Geschichte.

An unserem ersten Weihnachten in Amerika schmückte ich unser neues Zuhause mit vertrauten Dingen: unsere französische Krippe mit den über vierzig handbemalten *santons* – »kleinen Heiligen« –, die Dorfbewohner darstellen, die dem Jesuskind ihre Gaben bringen. Dann unsere große Sammlung an Ornamenten, jedes Stück mit einer eigenen Erinnerung. Schließlich wollte ich die sieben handbestickten Strümpfe aufhängen – zwei davon hatte meine Mutter uns zur Geburt unserer Söhne nach Frankreich geschickt.

Doch sie waren verschwunden.

Tagelang suchte ich das Haus ab. Vielleicht waren sie bei meinen Eltern geblieben, wo wir nach dem Flug übernachtet hatten? Mein Vater und meine Schwägerin durchforsteten alles – vergeblich. Auch unsere Freunde in Frankreich suchten. Nichts. Immer wieder betete ich: »Herr, du weißt, wo sie sind. Wenn du willst, dass ich sie finde, zeig es mir.«

Schließlich musste ich loslassen.

Aber der Verlust schmerzte mehr, als ich erwartet hatte.

Es war nicht nur ein verschwundenes Stück Stoff. Es war das erste Weihnachten ohne meine Mutter. Sie war im Jahr zuvor plötzlich an einem Schlaganfall gestorben. Kein Abschied, keine letzte Umarmung, kein »Danke«. Die Strümpfe waren das Letzte, was ich physisch von ihr hatte – Zeichen ihrer Liebe, geschickt über den Ozean. Und nun waren sie weg. Es fühlte sich an, als würde der letzte Faden zu ihr reißen.

Ich brachte meinen Schmerz immer wieder vor Gott. Ich weinte. Ich haderte. Schließlich kaufte ich sieben einfache rote Strümpfe in einem Billigladen. Sie mussten genügen.

Doch die Sehnsucht blieb.

In der Woche vor Weihnachten reisten wir in die Berge – ein Ausflug zu Ehren meiner Mutter. Auf dem Rückweg, beim Verstauen der Skisachen auf dem Dachboden meines Vaters, entdeckte ich eine Plastiktüte. Darin lagen die sieben handbestickten Strümpfe.

Tränen liefen mir übers Gesicht.

Als meine Schwiegertochter davon hörte, sagte sie: »Der Engel der verlorenen Dinge hat sie zurückgebracht.«

Ich weinte vor Dankbarkeit, weil ich wusste, dass Gott meinen Verlust gesehen und verstanden hatte und sich darum gekümmert hatte.

Zwei Jahre später verlor ich erneut etwas: sieben selbst gemachte Weihnachtsornamente – Ornamente, die ich selbst genäht hatte, als unsere Söhne noch Babys waren. Ornamente, die liebe Freunde für uns angefertigt hatten. Ornamente, die für mich einen großen emotionalen Wert hatten. Sorgsam hatte ich sie in Handtücher gewickelt und im Handgepäck verstaut.

Doch als ich mit dem Schmücken beginnen wollte, konnte ich sie nicht finden. Wie war das möglich?

Wieder suchte ich, betete ich, ließ los. Wochen später fand mein Mann sie – in einem Eimer in unserer Garage, verborgen unter leeren Kisten. Ich brach in Tränen aus. Der Engel der verlorenen Dinge war zurückgekommen, und wieder weinte ich vor Dankbarkeit und Freude.

Ob es nun ein Engel war, der die Strümpfe und die Ornamente vorbeigebracht hatte, oder ob Gott einfach unsere Schritte an die richtigen Orte gelenkt hatte – jedes Mal hörte ich in meinem Herzen eine sanfte Stimme: »*Ich sehe dich. Ich kümmere mich. Ich liebe dich.*«

Nicht alles Verlorene wird wiedergefunden. Doch ich darf suchen, darf trauern – und dann loslassen und vertrauen. Denn der Herr selbst ist gekommen, um das Verlorene zu suchen. Mich. Die verlorene Tochter. Das verlorene Ding.

Ich bin gefunden.

Ich bin sicher in seinen Armen.

Elizabeth Musser schreibt »Unterhaltung mit Seele« von ihrem Schreib-Chalet bei Lyon in Frankreich aus. Ihre Romane wurden vielfach ausgezeichnet und in viele Sprachen übersetzt. Gemeinsam mit ihrem Mann Paul arbeitet sie für die Organisation »One Collective«.

*Denn der Menschensohn ist gekommen,
um zu suchen und zu retten, was verloren ist.*

Lukas 19,10 (EU)

Menschenkindgerecht

Valerie Lill

Lesezeit: ca. 9 Minuten

Es ist Heiligabend. Bis zum letzten Moment habe ich gewirbelt, um alles auf die Reihe zu bekommen. Termine, To-dos, Erwartungen. Das Finanzamt hat heute Morgen eine Riesensumme von unserem Konto abgebucht (was für ein Timing!), meine letzte schwarze Strumpfhose ist beim Anziehen gerissen, eine von den schönen Weihnachtsbaumkugeln ist mir aus der Hand gefallen (warum passiert das immer mit den Sachen, die mir etwas bedeuten?), das Festessen habe ich vorgekocht (damit dann alles perfekt und fertig ist) … aber jetzt bin *ich* total fertig, übermüdet, übersorgt und überreizt. Und dabei sollte ich doch besinnlich sein und erwartungsfroh!

Wir haben es gerade noch rechtzeitig zum Weihnachtsgottesdienst geschafft. Das ganze Dorf hat sich zum feierlichen Anlass versammelt. Die kleine Kirche ist festlich geschmückt und bis zum Bersten gefüllt. Man hört aufgeregte, gedämpfte Kinderstimmen. Gleich soll es losgehen. Die Musiker und Musikerinnen gehen mit leuchtenden Gesichtern nach vorn auf die Bühne und warten auf ihren Einsatz. Ich schaue mich um: Jeder trägt sein schickstes Outfit. Erwartungsvolle Stille breitet sich aus. Noch einmal durchatmen …

Genau in dem Moment, als die verklingenden Kirchenglocken den Beginn des Gottesdienstes verkünden, flitzt ein kleines blond bezopftes Mädchen von ganz hinten zu ihrem Papa in die erste Reihe und flüstert ihm zu: »Papi, ich muss Pipiii!«

Nun weiß sie nichts von der großartigen Kirchenakustik, die einer leisen Stimme das effektivste Volumen zu geben vermag. Selbst ein Flüstern wird da für die Allgemeinheit hervorragend hörbar gemacht. Die Tatsache, dass ihr Papi zufälligerweise auch noch die Gesamtleitung des Tages hat, ist für sie nebensächlich. Sie muss Pipi! Und selbstverständlich wendet sie sich mit diesem Anliegen an den Menschen, der für solche Notfälle zuständig ist.

Die Kirchenbesucher lachen leise und nicken sich gegenseitig grinsend zu. Obwohl ich weit hinten sitze, habe ich jedes Wort gehört. Die drängend wispernde Kinderstimme hat etwas in mir angerüttelt. Unwillkürlich werde ich an meine Kindheit erinnert: Meine Mutter kannte jede öffentliche Toilette in unserem Ort und darüber hinaus. Wo wir auch hinkamen, ob Dänemark-Fähre, Weihnachtsmarkt oder Abenteuerspielplatz – immer musste die kleine Valle erst einmal Pipi. Fröhlich wird dieses Detail aus meiner Kindheit auch heute noch gern zum Besten gegeben. Und ich lache mit. Gleichzeitig verkrampfe ich innerlich ein wenig. So lustig fühlte es sich nämlich aus meiner Perspektive damals nicht an.

Die Kleinmädchenstimme vorn in der ersten Reihe klingt dagegen überhaupt nicht peinlich berührt. Ich weiß nicht, ob ich das in ihrem Alter gewagt hätte, eher hätte ich mir vielleicht in die Hosen gemacht (oder in dem Fall ins Weihnachtskleidchen). Kinder haben doch nicht zu stören, wenn die Erwachsenen wichtige Dinge tun! Aber dieser Vater nimmt sein kleines Mädchen einfach auf den Arm und geht seelenruhig mit ihr durch den Mittelgang nach hinten.

★

»Kommt her zu mir«, sagte Jesus damals und ich glaube, er meinte das ganz wortwörtlich, schießt es mir plötzlich durch den Kopf. Mit allen Bedürfnissen, und mögen sie noch so menschlich sein, dürfen wir vertrauensselig wie die Kinder zu ihm kommen. Schließlich hat Gott uns als Menschen gemacht, sollte er da das Menschliche in uns ablehnen?

Nein, ich darf mich an ihn wenden mit allem, was mich bedrängt. Nichts Menschliches ist ihm fremd. Er kam als Baby auf die Welt und wurde in Windeln gewickelt. Ich nehme an, er hat ab und zu auch reingemacht. Diese Vorstellung berührt mein Herz. So zerbrechlich und angewiesen auf Fürsorge hat er sich unseretwegen gemacht. Er war ganz Mensch! Und wenn Jesus später als erwachsener Mann menschliche Probleme hatte, dann hat er sich vertrauensvoll an seinen himmlischen Vater gewandt.

★

Längst bin ich in meinen eigenen Gedanken versunken, während die ganze Kirche geduldig auf den Vater mit seiner kleinen Tochter wartet. Intuitiv fange ich im Herzen eine stille Unterhaltung mit Jesus an. Warum bin ich so berührt? Vielleicht, weil ich so gern alles selbst unter Kontrolle hätte? Vielleicht, weil dieses kleine Mädchen mir gerade beispielhaft vormacht, um was es am Heiligen Abend geht? Vielleicht, weil ich mit meinem Bedürfnis nach Seelenruhe und Besinnung mich selbst nicht ernst genommen habe in den vergangenen Tagen?

»Kommt her zu mir« – durch die Zeiten hindurch war und ist das Jesu Einladung. Und die Menschen kamen. Zu seiner Geburt reisten Hirten, Schafe und

Sterndeuter an. Als er älter wurde und durchs Land zog, kamen Kranke, Besessene, Arme und Suchende. Seine Einladung endete noch nicht einmal am Kreuz, an dem er mit weit geöffneten Armen hing und zu dem Mann neben ihm sagte: »Noch heute wirst du mit mir im Paradies sein« (Lukas 23,43).

Und auch heute gilt: »Kommt alle her zu mir, die ihr euch abmüht und unter eurer Last leidet! Ich werde euch Ruhe geben« (Matthäus 11,28). Damals wie heute haben die Menschen sich danach gesehnt, und auch ich sehne mich danach: Ruhe für die Seele.

★

Drei Minuten später kann der Weihnachtsgottesdienst mit einem entspannten kleinen Mädchen losgehen. Ich bin zutiefst berührt von dieser Selbstverständlichkeit, mit der hier auf die Bedürfnisse eines einzelnen Mädchens Rücksicht genommen wurde. Das Musikteam vorn beginnt mit klaren Stimmen zu singen »Herbei, o ihr Gläubigen« und mir laufen die Tränen über die Wangen. »O kommet, o kommet nach Bethlehem. Sehet das Kindlein, uns zum Heil geboren. O lasset uns anbeten!«

Jesus hat mich an diesem Abend ermutigt, vertrauensvoll zu ihm zu kommen, und weil er weiß, dass ich es dann besser verstehe, hat er es mir beispielhaft an diesem Mädchen mit ihrem liebevollen Papa gezeigt. Wenn wir eine Not haben, und möge sie in unseren Augen noch so gering sein, ist unser Anliegen für ihn wichtig. Wir dürfen damit zu ihm kommen. Es ist keine Schande, schwach und bedürftig zu sein. Zu allen Zeiten waren die Menschen darauf angewiesen, dass Gott sein »Kommt her zu mir« sprach und es auch so meinte!

Es ist Heiligabend. Bis zum letzten Moment habe ich gewirbelt, um alles auf die Reihe zu bekommen. Termine, To-dos, Erwartungen, und nun bin ich total fertig, übermüdet, übersorgt und überreizt. Aber ein kleines blond bezopftes Mädchen hat mir gerade vorgemacht, was ich mit meiner aktuellen Bedürftigkeit tun kann: Ich werde zu ihm gehen und Ruhe finden für meine Seele.

Valerie Lill ist Singer-Songwriterin, Wortakrobatin, Autorin, Musiktherapeutin und Vocal Coach. Sie ist verheiratet und Mutter von drei Söhnen.

Kapitel 5

Weihnachten ist ein Geschenk

Das Fest vergeht, doch seine Botschaft bleibt: Gott wird Mensch, um uns nahe zu sein – nicht nur an Weihnachten, sondern an allen Tagen unseres Lebens. Seine Nähe ist ein Geschenk, das uns begleitet: tröstlich, kraftvoll, mitten in unserem Alltag – und bereit, immer wieder neu entdeckt zu werden.

»Jesus Christus ist und bleibt derselbe,
gestern, heute und für immer.«
Hebräer 13,8

Das beste Geschenk

Irene Hannon

Lesezeit: ca. 6 Minuten

Ich liebe Weihnachten.

Ich liebe, was es bedeutet: die Geburt unseres Erlösers – der Anfang eines göttlichen Weges, der in das Licht von Ostern führt. Und ich liebe die Kindheitserinnerungen, die diese Zeit wachruft.

Ich bin in einem Zuhause aufgewachsen, das reicher an Liebe war als an Besitz. Mein Vater stammte aus dem ländlichen Irland, wo er ohne Strom, fließendes Wasser und auch ohne seine Mutter aufwuchs – sie starb, als er vier war. Dennoch trug er eine tiefe Dankbarkeit in sich. Auch meine Mutter stammte aus einfachen Verhältnissen und wurde von liebevollen Eltern geprägt. Gemeinsam haben meine Eltern mit großer Hingabe versucht, meinem Bruder und mir ein erfülltes Leben zu ermöglichen. Mein Vater arbeitete oft in mehreren Jobs gleichzeitig. Und dennoch – oder gerade deshalb – wurde Weihnachten zu etwas ganz Besonderem.

In den frühen Morgenstunden des 25. Dezember wachten mein Bruder und ich voller Vorfreude auf. Wenn wir die Treppe hinunterkamen, lag ein besonderer Glanz über dem Wohnzimmer – der Christbaum war über Nacht aufgestellt und geschmückt worden, die Geschenke lagen bereit und das Licht des Baumes erhellte den Raum wie ein stilles Wunder. All das hatten unsere Eltern in der Nacht heimlich vorbereitet, mit Liebe und Erschöpfung zugleich – nur um uns Freude zu schenken. Das Wunder dieses Moments bestand nicht im Überfluss, sondern in der Überraschung, der liebevollen Mühe und dem Staunen.

Trotz aller äußeren Schönheit ging der tiefere Sinn nie verloren. Unter dem Baum stand stets eine Krippe. Und wenn alle Geschenke geöffnet waren, machten wir uns auf den Weg zur Kirche – begleitet von dem wunderschönen Lied »Stille Nacht«.

Mit den Jahren veränderte sich vieles. Als meine Mutter starb, wurde unser Elternhaus still – Weihnachten zog zu mir nach Hause. Ich versuchte, all die kleinen Traditionen zu bewahren. Doch als auch mein Vater ging, wurde mir endgültig bewusst: Die Tage, in denen liebevolle Eltern still in der Nacht das Haus in einen Festort der Freude verwandelten, waren vorbei.

Und doch: Das Wesentliche bleibt.

Jesus ist immer noch der Mittelpunkt des Festes. Noch immer singen wir »Stille Nacht«. Und mein Bruder und ich – inzwischen mit eigenen Familien – halten daran fest, jedes Jahr zusammenzukommen. Die Form hat sich geändert, aber die Liebe bleibt.

Inmitten all dessen habe ich eine eigene kleine Tradition begonnen: Am letzten Abend vor dem Abschmücken des Baumes setze ich mich auf die Treppe, schaue durch das Geländer ins Wohnzimmer – wie als Kind – und lasse die Erinnerungen aufleben. Ich denke an das Geschenk, das meine Eltern mir gemacht haben: nicht an Spielsachen, sondern an Sicherheit, Geborgenheit und Heimat. Ich denke an die Liebe, die sichtbar wurde – in geschmückten Tannenbäumen und in müden, aber leuchtenden Augen.

Ein besonderer Moment wird mir unvergesslich bleiben: Nach dem Tod meiner Mutter fand ich auf ihrer Kommode einen alten Cartoon, den ich nie zuvor bemerkt hatte. Er zeigte Eltern, die ihren Kindern beim Auspacken der Geschenke zusehen. In der Sprechblase stand: »Sie werden es erst merken, wenn sie selbst Eltern sind – aber die besten Geschenke sind die Erinnerungen, die wir schaffen.«

Für mich war das wie ein stiller Gruß, eine letzte Botschaft, die alles zusammenfasst.

Heute erinnere ich mich kaum an einzelne Geschenke. Aber ich erinnere mich an den Frieden in unserem Zuhause. An das Leuchten in den Augen meiner Eltern. Und an die Liebe, die alles durchdrang – nicht nur an Weihnachten, sondern an jedem Tag des Jahres.

Und das war – und ist – das beste Geschenk.

Dieses Geschenk ist nicht auf bestimmte Familien oder Erinnerungen beschränkt. Selbst wenn wir kein so liebevolles Zuhause hatten oder haben – Gottes Liebe gilt uns allen. Sie ist beständig, heilend, unverlierbar. Seine Augen leuchten, wenn er seine geliebten Kinder ansieht.

Weihnachten beweist das auf unvergleichliche Weise: Der ewige Gott wird Mensch. Der Herr des Himmels kommt als Kind – verletzlich, nahbar, voller Gnade. Um uns zu zeigen: *Du bist nicht vergessen. Du bist nicht allein. Du bist geliebt.*

Das ist das tiefste Wunder von Weihnachten. Und das größte Geschenk von allen.

Irene Hannon ist Bestsellerautorin und lebt mit ihrem Mann in Missouri. Sie studierte Psychologie und Journalistik und liebt Musik, das Schreiben – und die besonderen Momente rund um Weihnachten.

Gott klopft leise

Petra Halfmann

Gott klopft leise bei uns an.
Oh Mann,
es ist kaum zu hören,
er will uns nicht stören,
nicht aufdringlich sein.
Er kommt nur herein,
wenn wir ihn drum bitten.
Aber mitten
im Weihnachtsstress
gibt es Etliches
anderes zu tun,
als sich ausgerechnet
um einen fast
unerwarteten Gast
zu kümmern.

Gott klopft leise bei uns an,
sodass man es kaum hören kann.
Einfühlsam und mit Gespür.
Er poltert nicht gegen die Tür,
macht keinen Lärm und keinen Krach.
Tausendfach

hat er es schon probiert.
Wie oft wurde sein Klopfen ignoriert
aufgrund unserer Geschäftigkeit.
Wir sind es kräftig leid,
die ganze Zeit
in dem weihnachtlichen Hamsterrad
mitzulaufen:
Karten schreiben,
Geschenke kaufen,
einen Riesenhaufen
Päckchen packen,
Plätzchen backen
und verzieren,
Fenster dekorieren,
keine unnötige Zeit verlieren.
Ein fast
unerwarteter Gast
wäre eine zusätzliche Last.

Gott klopft leise bei uns an,
sodass man es kaum hören kann.
Kein konstantes,
penetrantes
Dauerschellen.
Nicht einmal die Hunde bellen.
Sanft und leise ist sein Klopfen.
Sanfter als ein Regentropfen,

kaum vernehmbar.
Das Problem war
und ist das viel zu laute Drumherum.
Das Gegenteil von still und stumm
und besinnlich.
Wohin sich
die Adventszeit entwickelt hat,
ist unfassbar.
Und das war
ganz bestimmt anders gedacht:

Gott hat sich zu uns aufgemacht.
Nicht am helllichten Tag,
sondern in der Nacht
ohne Paukenschlag,
ohne Mietvertrag,
ohne Sack und Pack,
ohne Festtagsfrack,
ohne Goldlack, Glanz und Glitter,
ohne Donnergewitter.
Gott könnte auch
im Fortissimo erscheinen,
doch er wählt das Pianissimo,
die feinen Töne,
kein Gedröhne.
Er kommt überhaupt nicht laut daher.
Er spielt sich nicht groß auf

wie ein Held.
Er betritt die Welt
durch die Hintertür
von einem Stall.
Nicht mit lautem Knall.
Er kommt nicht sensationell,
auch nicht hochoffiziell.
Er möchte uns gern
persönlich begegnen.
Er will uns beschenken.
Er will uns segnen
und vor allen Dingen
Zeit mit uns verbringen.
Doch er will uns nicht zwingen,
ist kein aufdringlicher Gast.
Er fällt uns nicht zur Last.
Er klopft noch immer, ganz dezent,
und wartet auf den Moment
im Advent,
dass die Türen sich öffnen
und wir ihn willkommen heißen.

Petra Halfmann unterrichtet mit Herz angehende Pädagoginnen und Pädagogen und bringt als Liedermacherin und Wortpoetin seit vielen Jahren Mut machende Texte auf die Bühne.

Die Geburt Jesu in Bethlehem ist keine einmalige Geschichte, sondern ein Geschenk, das ewig bleibt.

Martin Luther

Ein Adventskalender für Paare

Ira Schneider
24 x Nur wir zwei
ISBN 978-3-96362-481-0
112 Seiten, gebunden mit perforierten Seiten

Macht diese Adventszeit zur Wir-Zeit! Und wenn es nur für fünf Minuten am Tag ist. Gönnt euch einen Moment nur für euch zwei und entdeckt, was hinter den verschlossenen Seiten dieses Adventskalenderbuchs auf euch wartet. Welchen inspirierenden Gesprächsimpuls oder wertvollen Beziehungstipp, welche lustige Anregung oder kreative Idee, welchen Bibelvers hält Paartherapeutin, Referentin und Autorin Ira Schneider heute für euch bereit? Begebt euch mit ihr auf eine abwechslungsreiche Reise, die euch noch näher zueinanderführt, genießt kostbare Augenblicke der Zweisamkeit und feiert euch und eure Liebe.